천천히 가도 괜찮아

내 아이를 알아가는 첫 번째 걸음 / RDTA 기질 연구 에세이

지금부터 너의 이야기
너의 사랑하는 이에게 전해줄게.

RO'S HILL

저자 박고은

To. 누군가의 소중한 이로 살아가는

_____ 님께

이 책을 드립니다.

From. _____

천천히 가도
괜찮아

내 아이를 알아가는 첫 번째 걸음
RDTA 기질 연구 에세이

천천히 가도
괜찮아

박 고 은

RO'S HILL

세상 어떤 아이도
아름답지 않은 아이는 없어.

빛나지 않는 아이는 없어.

그리고
한 번에 다 자라나는 아이도 없어.

그러니 사랑하는 아이야.

천천히 가도 괜찮아.

넘어져도 괜찮아.

포기하지만 않는다면
언젠가 마주하게 될 테니까

너의 가장 빛나는 순간을...

지금부터
너의 이야기

너의 사랑하는 이에게 전해줄게.

네가 넘어졌을 때,
너의 손을 다시 잡아줄
그들에게...

** 이 책은 40여년의 연구를 바탕으로 로즈힐연구소에서 진행되어 온
기질에 관한 부모교육 내용을 그대로 글로 옮겨놓은 것입니다. **

올해로 20년이다.

2001년 겨울, 단순히 데이터 정리 작업만 잠시 돕게 될 줄 알았는데.. 그 후로 지금에까지, 로즈힐 연구소에서 기질을 연구하게 될 줄은 생각지도 못했다.

기질을 연구하며, 부모교육을 통해 내가 만나온 그 어떤 부모님도 아이를 키우는 게 쉽다고 말하는 이가 없었다. 자신의 아이인데도 말이다. 나도 아이가 있지만, 생각해보면 그것은 너무도 당연한 일인 것 같다.

충분한 훈련과 시행착오를 통한 시간의 쌓임 없이는 어떤 능력이나 기술도 거저 얻어지는 것이 없는데,

쌓임이 생겨날 만큼의 연습과정이나, 시행착오를 거듭할 충분한 경험도 없이, 아이가 생김과 동시에 부모라는 삶의 문은 열려버리게 되니 말이다.

부모가 먼저가 아니라 처음부터 아이라는 존재로 부모라는 위치가 생겨나듯, 아이의 자람으로 인한 예측할 수 없는 수많은 경험들, 신비로움, 그리고 놀랍도록 격정적인(?) 상황들이 부모를 서서히 무르익게 하는 것 같다.

수많은 시간들을 통해 말이다.

지금 이 순간 나를 바라보는
너로 인한 이 감정..
이것은 행복인가, 고통인가..
기쁨인가, 불안인가..
하나로 단정 짓기 어려운 특별한 경험
육 아

어쩌면 이 책은 행복하지만 힘들고 기쁘지만 또 불안한 감정을 매 순간 공감하고 있을 모든 부모님들께, 아주 조금이지만 편안하고, 조금이겠지만 더 쉽고, 그렇게 지금보다 부모가 조금 더 행복해지기를 바라는 마음에 기록한 '아이와의 시간'에 관한 이야기라 할 수 있겠다. 다른 아이가 아닌 '당신의 아이'가 지금 이 순간에도 당신에게 전하고 있는 이야기일 수도 있겠다.

어쩌면..

믿고 있지만 잘 믿겨 지지 않는 '내 아이의 가능성'에 관한 이야기일지도 모르겠다.

그래서 일까..

부모교육을 통해 기질에 관해 접한 분들께서 내게 강의 내용을 책으로 담아주길 요청했던 이유는,
어쩌면 몰라서가 아니라...
바쁜 세상에 휩쓸려 나도 모르게 지쳐서, 나도 모르게 놓아버린, 나의 따뜻했던 심장을 다시 꺼내기 위해서가 아닐까.. 내 아이를 바라보던 그 마음 뭉클한 사랑을..
그리고 세상 가운데 서 있는 내 아이를 향한 희망의 이야기를 다시 한 번 듣고 싶어서가 아닌가 생각된다.

아이를 키우며 화를 내지 않는 부모가 과연 있을까?
짧지만은 않은 시간 동안 아이들의 기질에 관해 연구해 왔지만 나 역시도, 나도 모르게 내 아이들을 향한 마음이 요동치는 '욱'의 순간들이 있다.
천사같이 예쁘고, 귀엽고, 눈에 넣어도 아프지 않을 소중한 아이들이지만, 마냥 예뻐 보이지만은 않을 때가 나 역시도 참 많다. 생각해 보면, 바쁜 세상을 살아가며 내 마음에 여유가 없을 때면 더욱 그렇다.

이 책은 애써 고요하고 싶으나 그렇게 내버려 두지 않는 지금의 세상을 살아가는 모든 어른들에게, 그래서 스스로 자책하게 되는 이 시대의 부모들에게
'당신은 지금도 충분히 잘 해나가고 있다고'
그 말을 전하고 싶어서,
세 아이의 엄마이기에 앞서 부모의 마음을 아는 기질 연구가로서, 지금까지 내가 알게 된 내용을 기록하고자 한지도 모르겠다.
오늘도 부모라는 이름으로 살아가는 당신이 세상 가운데 힘겨워하

지 않길 바라는 마음을 담아..

그래서 정말로 부족한 글 솜씨지만, 복잡하게 생각지 말고, 진심을 담아내자는 마음으로, 집필을 결심하게 되었다.
두렵기도 하고 염려도 된다. 얼굴을 마주하며 감정을 전할 수 있는 부모교육과는 달리 책은 글로만 전하다 보니, 혹 나의 지루한 글 솜씨로 인해 당신의 아이에 관해 접하기도 전에, 읽기를 중도에 포기해 버릴까 걱정도 된다.

그래서 떼를 쓰는 마음으로 부탁드리고자 한다.
중도에 포기하지 말아 주시길...

그냥 봐도 긴 이야기이다.
로즈힐이 걸어온 연구 기간만 40년이니, 그만큼 전하고 싶은 이야기도 너무 많다.

그래서 미리 말하지만 혹,
너무 지루하거나 길다 싶으면..
잠시 쉬어 가도 괜찮다.
천천히 가도 괜찮다.

그러니 포기하지 말고
당신의 아이를 위해 전하는 우리의 이야기를
끝까지 들어 주길 부탁드린다.

2020년 6월
끝나지 않을 것 같은 푸른 새벽,
당신의 안식과 행복을 기도하며

18

01

너이기 때문에

들어가는 문
::: 모소 대나무 이야기

아이들의 기질 연구를 진행하며, 나는 매우 흥미롭고 재미난 사실
을 한 가지 알게 되었다.
그것은 유년기[1] 아이들의 자람 속에 그 아이의 성장에 관한 매우
중요한 단서가 있다는 사실이다.

'어떻게 하면.. 아이들의 간절함이 담긴 유년기 속 이야기를 그들
의 어른에게, 결코 잊지 않게 전할 수 있을까...'

그러던 중 우연히 알게 된 모소 대나무 이야기는 그 후 언제나 아
이들의 기질에 대해 전하는 나의 첫 문이 되어 주었다.

> '아이들의 자람'과 놀라울 정도로 흡사한
> '모소 대나무'의 생육 과정

---

1) 생후 1년에서 1년 반부터 초등 1~2학년까지의 약 10년가량에 속하는 어
   린이의 발달단계를 나타내는 용어.

모소 대나무는 중국 극동지방과 대만의 일부 지역에서만 서식하는 희귀종 대나무이다.

이 대나무는 사람들로 하여금 기다림을 배우게 하고, 인내를 경험하게 하는 매우 특별한 자람을 보인다.

모소 대나무는 농부가 물을 주고 열심히 가꾸어도 아주 오랜 기간 동안 어떠한 자람도 보이지 않는다. 아무 변화도 보이지 않는 땅에다 매일 같이 물을 주고 거름을 주는 농부가 한심하고 어리석어 보일 정도로 말이다.

그렇게 한 달, 두 달, 1년, 2년, 3년, 4년.... 그 긴 시간 동안 모소 대나무는 겨우 3cm 남짓만을 자랄 뿐이라고 한다.

헐~ 4년이란 시간 동안 겨우 3cm 라니...

상담을 하다 보면 많은 어머님들이 이런 말씀을 하신다.

우리 아이는 몇 번을 얘기해도 말을 듣지 않아요.
소리 지르고, 떼를 쓸 때면 정말 어떻게 해야 할지 모르겠어요.
우리 아이는 저한테 딱 붙어서 혼자서는 아무것도 안 하려 해요.

우리는 아이와 함께 하는 많은 시간들 가운데 특히 아이가
내가 생각했을 때 뭔가 잘못된 행동을 할 때마다 그러면 안 된다고, 이렇게 해야 한다고, 아이가 알아들을 수 있도록 최선을 다해 방향을 제시해 주고 수정해 주려 노력한다.

그러나 이런 나의 엄청난 인내의 노력에도 불구하고 아이들은 그 행동을 또 반복하곤 한다.

시간이 지나도 변화되지 않은 채 언제나 그 모습 그대로인 아이를

보며, 과연 부모는 어떤 마음이 들까?
'내 아이, 이대로 괜찮을까?'
걱정이 되고 불안해지는 것은 당연할 것이다.
걱정? 불안함? 아니, 때론 기다림에 지쳐 화도 날 것이다.

내 아이의 변화를 하루하루 기다리는 것도 속이 타듯
이렇게 불안한데,
4년 동안 고작 3cm밖에 자라지 않는다고?!

변화되지 않는 시간을 바라본다는 것, 그것은 누구에게도 힘든 일
일 것이다.
그래서 **'모소 대나무를 모르는'** 농부의 주변인들이 아무런 변화도
없는 그 땅을 차라리 갈아엎고 이리이리 하는 게 더 낫다 충고를
던지는 것도 어찌 보면 이해가 된다.
하지만 모소 대나무의 농부는 절대 그들의 소리에 반응하지 않는
다. 절대 그 넓은 땅을 그들의 말처럼 갈아엎지 않는다.
누가 뭐라고 해도, 농부는 알고 있는 것이다.
모소 대나무가 지금 무엇을 하고 있는 건지.. 모소 대나무에게 지
금 이 시간이 갖는 의미가 무엇인지..

그렇게 긴 시간이 지나 5년 차에 접어든 어느 날,
모소 대나무는 누구도 예상치 못한, 정말 동화책에나 나올법한 마법 같은 이야기를 모든 이들에게 보여주게 된다!

4년간 고작 3cm였던 녀석이 5년 차에 들어선 어느 날, 하룻밤 사이에 무려 '30cm'가 넘게 훌쩍 자라나는 것이다!!
그리고 또 하루가 지나면 30cm... 또 30cm...
그렇게 모소 대나무는 한 달 반, 6주라는 시간 동안 놀랍게도 15m가 넘게 자란다고 한다!
최고로 높게 자란 모소 대나무의 길이는 무려 28m가 넘는다고 하니, 믿을 수 없는 마법 같은 자람이 현실로 이루어지는 것이다.

도대체 28m는 얼마만큼의 높이일까? 그 높이를 좀처럼 가늠할 수가 없어 찾아보았더니,
아파트 10층 건물의 높이가 약 25m쯤 된다고 한다.

목을 뒤로 젖힌 채 한참을 올려다봐도
눈이 그 끝을 따라가기 힘든 그 10층 높이 말이야?

모소 대나무가 이러한 놀라운 자람을 보일 수 있었던 것은
4년이라는 시간 동안 보이지 않는 곳에서 자신의 뿌리를 무려
200m 이상 키워냈기 때문이라고 한다.

2.. 200 m ?

4년이란 시간 동안 모소 대나무는 아무것도 하지 않은 것이 아니
라, 단 하루도 쉬지 않고 흔들리지 않는 자신만의 뿌리를 키워냈
던 것이다. 그 누구도 보려고도, 관심을 두지도 않는 보이지 않는
땅 속에서 말이다.
그리고 뿌리의 힘을 키우며 가장 완벽한 준비를 끝낸 그 어느 날!
모소 대나무는 200m가 넘는 뿌리를 통해 한꺼번에 땅 속의 영양
분을 흡수하기 시작하고, 그렇게 자신에게 흡수된 그 엄청난 영양
분으로 위로, 또 위로 줄기를 뻗으며 자신의 모습을 드러내는 것
이다. 바로 이것이 모소 대나무의 자람이다.
그리고 농부는 이것을 알고 있었다.

자라지 않는다고? 아무것도 변화되지 않는다고?
아니… 그렇지 않아.

결국 농부의 믿음과 기다림이 주변인들의 말들로부터, 땅을 엎어
버리라는 세상의 흔들림으로부터
모소 대나무를 온전히
성장시키고 지켜준
유일한 지지자이자 울타리가
되어 주었던 것이다.

정말 신기한 이야기라고?

이것은 그저 신기하고 재밌는 이야기가 아니다. 이 놀라운 이야기 속에 우리 아이들의 엄청난 비밀이 담겨 있기 때문이다.

모소 대나무와 같이 우리 아이들 또한 자기의 모습을 세상에 드러내기까지 자신만의 뿌리를 키우는, 다른 이와는 다른 자신만의 자람의 방식과 형태가 있다.

때로 그런 그들의 자람이 세상의 일반적 시선으로 보면 너무 느려 보이기도, 너무 산만해 보이기도, 너무 엉뚱해 보이기도 한다. 변화되지 않는 것처럼 느껴지기도 한다.

그러나 아이들은 너무나 완벽하게도, '자신만의 행동'들을 통해 '자신만의 뿌리'를 내려가고 그 뿌리를 통해 삶을 가장 단단하게 이끌어갈 '완벽한 자신'을 키워낸다.

세상은 그들의 겉모습만을 바라보지.
지금 이 순간도 뜨겁게 숨 쉬는 그들의 진짜 모습을 보지 못해.

29

모소 대나무의 농부가 어떤 변화도 없음에도 불구하고, 인내하고 기다리며 모소 대나무를 지켜낼 수 있었던 것은 바로 모소 대나무의 특성을 '정확히' 알고 있었기 때문이다.

그의 진짜 모습을 바라보는 '눈'이 있었기 때문이다.

앎…
안다는 것..
알아준다는 것…
제대로 바라본다는 것…

부모인 우리 또한 그렇다.

내 아이가 가진 내 아이만의 자람의 방식과 그로 인한 행동의 이유를 '알' 때, 누구에게도 흔들리지 않고 인내하며 우리 아이들의 자람을 믿고 기다려줄 수 있게 된다.

언제고 아이를 뒤엎어버리려는 세상으로부터 온전히 지켜줄 수 있게 된다. 그렇게 아이는 세상에 흔들리지 않는 가장 완벽하고 단단한 '자신'을 이뤄낼 수 있게 된다.

넌 왜 이렇게 느리니? 도대체 할 수 있는 게 뭐니?

아니… 그렇지 않다.

지금 이 순간에도 당신의 아이가 당신에게 보여주는 그 수많은 행동들은, 결코 아무 의미 없이 드러나는 것은 없다.

아이는 자신에 대한 가장 완전하고, 정확하고, 명확한 메시지를 쉼 없이 보여주며 말하고 있다. 마치 당신이 알아주기를 바라듯이..

자신을 온전히 믿어주길 기다리듯이..

연구를 하면 할수록 나는 놀라운 사실을 한 가지 깨닫게 된다.
결코 흔들릴 수 없는 진리!
그것은 바로,
세상에 태어난 그 어떤 아이도 대단하지 않은 아이는 없다는 것이다! 완벽하지 않은 아이는 없다는 것이다! 존재 자체가 신비롭지 않은 아이는, 아름답지 않은 아이는 없다는 사실이다.

'앎'이라고 했던가...
지금부터 우리 연구소가 알고 있는 앎을 전하고자 한다. 내 아이의 행동 속에 숨겨진 비밀, 내 아이가 가진 자람의 방식, 그리고 당신의 아이가 얼마나 아름답고 완벽한 아이인지를...

먼저, 아이들이 지닌 자람의 비밀을 풀어볼 것이다.
자람의 비밀은 '유년기의 흐름'과 연결된다.
그리고 유년기에 나타나는 '아이들의 행동성'에 담긴
기질의 메시지를 3부에 거쳐 차례대로 알아가 볼 것이다.

1

세상 어떤 아이도

소중하지 않은 아이는 없어

\# 2

길고 긴 터널을
홀로 걸어가는 것이
인생이라면

그 길에
따뜻한 빛이 스며들 때 까지
내가
너와 함께 걸어가 줄 수 있기를..

자람의 비밀 1
::: 당연한 듯 당연하지 않은 것들...

모든 부모의 기억 속에는 내 아이가 태어나서 처음 뒤집기를 하
고, 처음 고개 들기를 하고, 처음 앉고.. 기고.. 서고..
그렇게 처음 걸어냈던 순간들이,
나도 모르게 입가에 미소를 짓게 하는 소중한 순간들이 분명 있
다. 그런데 여기서 나는, 너무 당연했기 때문에, 한 번도 생각해본
적 없는 매우 중요한 한 가지를 짚고 넘어가려 한다. 그것은 바로,
내 아이의 소중한 기억과 함께 하는 이 모든 순간들이 인간이라면

누구나 '반드시!' 거쳐야만 하는 과정들이라는 것이다.

생각해보면 [뒤집고, 고개 들기를 하고, 배밀이를 하고, 기고, 앉고, 서고, 걷는] 이러한 자람의 순서를 안 거치는 사람도, 혹은 순서를 역행하여 거꾸로 거치는 사람도 없다.

온 힘을 다해 한 단계 한 단계를 넘어서며 그 과정들을 통해 얻게 된 **'조절 능력과 힘'**으로 드디어 뛸 수 있게 되듯이, 너무도 당연하게 이뤄지는 듯 보이지만, 실은 **각 단계의 단단한 엮임**을 통해 인간은 '성장'이라는 자람을 완성해나간다는 것이다.

시간 속에 숨겨진 매듭의 엮임...

결국 그 모든 '순간'들이 지금의 나를 만들기에, (누구에게나 똑같이) 삶의 어느 한 순간도 의미 없거나 소중하지 않은 것은 없다.

뒤집고, 기고, 서고...

돌아보면 나는..
매 순간, 잊을 수 없는 소중한 기억을 준
너로 인해 기뻐했지만,

어쩜 너는..
그 순간을 함께 해주는 나로 인해 기뻐했겠구나.

너의 뒤집기는..
비록 너무도 고통스럽고 힘겨웠겠지만,

그 힘겨움 끝에 너는..
세상 모든 것을 얻은 냥 쏟아내는 나의 기쁨을
너의 작은 눈망울 속에 담아내었겠구나.

너는 그렇게..
나의 기쁨을 너의 자람 속에 쌓아갔던 거구나.

그렇게..
힘듦을 이겨내는 힘을 너의 자람 속에 간직했던 거구나.

그렇게 아이의 자람과 부모의 기쁨이 쌓여가던 어느 날,
아이는 푸른 옥구슬 같은 소리로 '엄마, 아빠'라는 숨을 뱉어낼 것
이고, 그렇게 그 작은 입으로 수많은 말을 하게 될 것이다.
그리고 고집을 부리고 떼를 쓰며 우리를 난처하게 만드는 순간도,
뭐든 혼자 힘으로 하겠다고 부모의 손을 뿌리치는 순간도 곧 올
것이다.

우리 아이... 언제 이렇게 자랐지?

그렇게 학교를 들어가고, 또 다른 수많은 시간의 매듭과 함께 아
이는 자라나게 될 것이다.
그렇게 당신의 품을 떠나 세상이라는 문 앞에, 떨림 가운데 홀로
서는 날이 곧 찾아올 것이다.

아, 내 아이...
저 조그만 어깨의
아이 앞에 놓인
... ...
세상

수많은 시련과 고통, 넘어짐과 일어섬, 만남과 헤어짐, 감정 그리고 깨달음, 그 과정들의 엮임.. 누구 하나 다를 것 없이 모두가 거쳐 가는 이 모든 자람의 순간들..

세상 모든 이가 그러하듯,
기쁨 가운데, 두려움 가운데, 슬픔과 절망 가운데,
쉽지 않은 시간들의 연속 가운데 이 모든 엮임을 이루어가는 것이 인생이라 한다면,

자람의 길을 걸어갈 우리 아이들이
수많은 어려움 속에서 포기하지 않고,
힘들지 않게,
또한 행복하게 그 길을 걸어갈 수 있기를 바라는 것이 모든 부모의 마음일 것이다.

나 역시 내 아이들이 세상 가운데 당당히 자신을 드러낼 수 있기를 간절히 바랬고, 나 또한 그렇게 세상을 살아갈 수 있기를 바라며, 그 간절함으로 기질을 연구해 왔다.

그 과정 중에 나는, 인간에게 있어 모소 대나무와 같이 '세상에 흔들리지 않는' 뿌리를 내리는 자람의 흐름이 '유년기'라는 시간대에 숨겨져 있다는 사실을 알게 되었다.

유년기...

유년기란 스스로 생존할 수 있는 힘을 갖게 되는 시기 즉, '세상으

41

로부터 스스로를 지키고 생존할 수 있는 힘'을 갖기까지의 자람에 이르는 시기를 말한다.

여기서 재미있는 사실은, 생존과 연결된 자람의 시간 가운데 인간은 동물과는 매우 다른 유년기를 지닌다는 것이다.

동물의 유년기는 1년 남짓일 정도로 매우 짧은데 반해 (심지어 태어나서 몇 시간 내에 바로 걸을 수 있는 동물도 있다.)

인간의 유년기는 평균적으로 1세부터 시작하여 7년, 길게는 10년에 이를 만큼 길다는 것이다.
무려 9년의 차이다.

1년 사이에 대부분 완성되는 동물의 유년기.

10년이란 시간이 쌓여야 완성되는 인간의 유년기?

조금 이상하지 않아?

'인간'이라 하면
그래도 동물보다 능력도 많고,
훨씬 발달된 존재라고들 말하는데...

생존과 직결된 가장 기본적인 자람이라고 하는
'유년기'라는 시기가
동물과 인간에게 있어
1년과 10년이라는 시간적 차이를 갖게 한다?

뭐야?
인간이 동물보다 더 느리다구?
말이 돼?

그래서 생각해 보았다.

과연 인간과 동물의 차이는 뭐지..?

이것을 알지 못한 채,
아이의 자람은 결코 이해될 수 없으니까...

동물과 인간의 차이라... 한번 살펴보자.

생각해보면, 지구상에서 완전한 직립보행을 할 수 있는 동물은 인간뿐이다.

걷고 뛰는 단순한 행동뿐 아니라, 인간이 '발'을 이용해서 할 수 있는 행동은 생각해 보면 무수히 많다. 관절 및 근육이 세분화되고 이를 조절, 통제하기 위한 뇌의 기능 역시 이에 맞추어 발달하게 된다.

골반 **뼈**가 발달하고 직립보행이 가능해짐에 따라, '두 손'은 새로운 역할을 할 수 있는 기회를 얻게 되었다. 더욱 다양하고 세밀한 동작들이 가능해지면서 뇌 역시 손의 움직임과 상응할 수 있도록 세분화 되었다.

49

그러나 특정 동물, 예를 들어 인간의 시각 측정기준으로 봤을 때, 매의 시력은 9.0 정도로 인간의 시력에 비해 월등히 높다.

또 개는 올림픽 수영 경기장에 1/4 티스푼의 설탕을 넣어도 감지해 낼 수 있을 정도의 후각 능력을 가지고 있다.

하나의 특정 감각 능력만을 비교했을 때 인간의 감각 능력은 좋은 편이 아니란 것이다.

하지만 인간만큼 시각, 후각, 촉각, 미각, 방향감각 등 신체를 통해 인식하는 감각 능력이 고루 발달된 동물은 찾아보기 힘들다.

자신 및 타인, 환경에서 인지하는 다양하고 복잡 미묘한 감정을 인식하는 정서적인 감각을 가진 것은 인간뿐이다.

폐에서 공기를 밖으로 밀어내면 목에 있는 성대사이로 공기가 통과하며 성대가 진동하는데, 이때 소리가 발생한다.

인간이 노래를 부르고 언어를 사용한다는 것은 동물이 내는 소리에 비해 월등히 많은 소리를 낼 수 있다는 것을 의미한다.

이는 성대의 구조와 근육 및 신경이 세밀하게 발달해 있고 (실제로 인식하지는 못하지만) 조절이 가능하다는 것이다.

또한 인간은 실제로 경험할 수 없는 것들에 대해 사고 할 수 있는 능력을 가지고 있다. 도덕적 가치와 규칙, 시·공간에 대한 다양한 인식, 사물에 대한 가치 부여, 무의식의 인식 등이 그러한 예이다.

이러한 사고 능력과 인간의 육체적인 능력을 결합하여 언어의 사용과 같은 지구상에 존재하지 않았던 새로운 것을 만들어내고 사용한다.

이 외에도 인간은 동물과 다른 여러 특징들을 가지고 있는데 이러한 특징들은 모두 '뇌'의 발달과 연결되어 있다.

인간과 동물...
신체의 기능 발달적 차이,
형체가 없는 것에 대한 사고능력,
이런 모든 것들을 가능하게 하는 뇌의 발달...?!

인간의 뇌는 육체의 성장과 마찬가지로 19세를 전후로 약 95%가 발달한다. 그런데 특이하게도 인간의 뇌는 3세에서 9세까지 폭발적인 발달을 이룬다. 이 시기에 뇌의 약 75%의 발달을 완성시킨다고 하니 말이다.

뇌의 폭발적인 발달을 이루는 3세에서 9세..
이는 인간에게 있어 유년기라는 발달 시간과 연결되어 있다.
이것이 무슨 뜻일까?

뇌가 발달한다는 것은 뇌를 구성하고 있는 수많은 신경세포가 서로 연결된다는 것을 의미한다.
뇌에는 약 1,000억 개에 달하는 뉴런이라는 신경세포가 있는데, 이는 쉽게 말해 정보2)주머니와 같은 것이다.

여기서 왜 뜬금없는 과학 이야기?

---

2) 여기서 말하는 정보는 실제 데이터(ex 숫자, 문자)와 데이터를 처리하는 명령(ex 더하기, 빼기, 읽기, 쓰기)을 포함한다.

다소 지루하게 하여 미안하지만,
이 얘기 없인 아이의 자람을 이해할 수가 없다.
그러니 조금만 호흡을 가다듬고 편안하게 들어주길...

뉴런은 양끝부분, 조금은 쉽게 사람의 형태를 빌려 설명하자면, 손
과 손을 서로 붙잡아 주듯이 주위의 다른 뉴런과 연결되어 있는데
이런 연결 구조를 시냅스라고 한다.

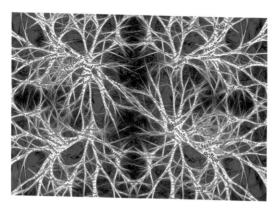

뉴런은 주위의 수많은 뉴런들과 연결되어 무수히 많은 뿌리들이 엉켜있는 것처럼 복잡한 구조를 형성하게 된다. 그리고 이러한 구조를 형성하면서 정보를 처리하는 네트워크를 구축하게 된다. 마치 모소 대나무의 보이지 않는 곳에 형성된 200m 이상의 뿌리와 같이 말이다.

흠.. 뉴런이 '정보' 주머니라고?

그래?
그럼 뉴런이 많을수록 똑똑하다는 거?
그럼 내 아이에게 정보를 많이 담아주면 되는 거 아냐?!

과연 그럴까?

뉴런은 인간의 기억, 습관, 감정, 지능, 언어, 모든 정신작용의 정보를 담고 있다.
하지만 정보주머니인 뉴런의 수가 많다고 사람은 똑똑해지거나 판단을 잘 이끌어내는 것이 아니다.
뉴런과 뉴런, 즉 하나의 정보와 또 다른 정보가 결합을 이루어 내야만 인간은 사고를 할 수 있기 때문이다.

다시 말해, 뉴런의 개수가 중요한 것이 아니라,
뉴런들의 연결고리인 '시냅스'가 얼마나 많이, 얼마나 촘촘히, 얼마나 두껍게 (구체적으로) 연결되어 있느냐가
한 사람의 사고의 폭, 사고의 넓이, 능숙함의 정도, 더 나아가 그 사람의 장점, 단점 등의 능력을 결정하는 것이다.

결국 '어떠한 정보'를 가진 뉴런들이 '어떠한 형태'로 연결 되어있
느냐가, 한 인간이 가진 생각의 패턴 및 방향성을 결정하는데 중
요한 요인으로 작용될 수 있다는 것을 예측할 수 있다.
그리고 이러한 사고의 일관성은 표정, 말, 행동 등을 통해 외부로
드러나는데 이를 '성향' 혹은 '성격'이라고 한다.

결국, '성격'을 좌우하는 '시냅스'라는 네트워크

이에 대해 쉽게 예를 들어 설명해 보자.

'감정적인 정보'를 처리하는 네트워크가 발달한 사람은 감정적 정
보에 의한 사고의 폭이 넓을 수밖에 없고
그러한 사고의 결과가 행동으로 나타나기 때문에,
다른 사람의 감정을 쉽게 공감해내는 능력을 능숙하게 잘 사용하
게 되고 이것이 그 사람을 다정다감하고 따뜻함을 가진 성격의 소
유자로 보여 지게 만들 것이며,

이와 달리 숫자, 규칙, 순차적 흐름의 정보들을 처리하는 네트워크가 발달한 사람은, 당연히 정확하고 일관성 있는 정보를 중심으로 한 사고를 능숙하게 잘 할 것이다.
우리에게 그 사람은 다소 차갑게 보일 순 있으나, 정확하고 명확한 사고를 동반한 신뢰감을 주는 성격의 소유자로 비춰 보이게 될 것이다.

결국 자신만의 흐름으로 된 뇌 연결고리의 방향성에 따라, 성격이라고 하는 사고 및 행동성의 특성이 나타나게 된다.

즉 사람의 '지능'이나 '성격'은
이런 뉴런들이 어떻게 연결 되느냐에 달려있다!

그런데 앞서 말했듯, 이렇게 한 사람의 사고 방향, 행동성을 결정하는 시냅스 구성의 75%가 유년기에 형성된다.

'스스로를 지키고 생존할 수 있는 능력'을 갖추는 가장 기본적 발달시기인 유년기에 생각의 깊이, 사고의 방향성과 밀접한 연관이 있는 시냅스 구조의 75% 이상이 완성된다는 것은,

다시 말해
자신만의 사고의 틀, 사고의 뿌리, 즉 '스스로 생각해낼 수 있는 나만의 사고 시스템'인 뇌가
10살이면 자신의 사고 방향성을 토대로 상황을 분석해내는 구조화를 어느 정도 완성하게 된다는 것이다.

나만의 틀, 뿌리를 가진 채
'스스로' 생각하고
'스스로' 판단하여
'스스로' 행동할 수 있는 힘을 갖게 된다?

결국 이것은

자신이라는 존재를 통해,
세상을 바라보고 느껴내는

인간만의 복합적이고 특별한 능력의
기초적 힘을
갖게 됨을 뜻한다!

기초의 의미가 다른
인간과 동물의 발달적 차이

결국, '자신만의 힘으로 사고하고 판단할 수 있다는 것'은
인간이 인간으로서의 기본적 자람을 갖추게 된다는 것이며
이것이 바로 동물과는 다른 인간의 특별한 자람이다.
그러한 자람의 가장 '기초적인' 시기가 바로 유년기라는 것이다.

유년기에 형성된 시냅스의 틀을 바탕으로 20대, 30대, 80대, 90
대.. 인생의 모든 시간 가운데 '자신의 삶'을 '자신의 방법'으로 찾
아가고 만들어내는 것. 그렇게 하루라는 쌓임을 온전히 느껴내는
것. 어쩜 그것이 진정한 행복의 시작일지도 모른다.
그리고 이 모든 것의 시작을 여는 자신만의 사고 뿌리가 자라나는
시기, 이것이 유년기 속에 숨겨진 자람의 비밀이다!

시냅스는 구조적 특성 상, **'반복'**이라는 과정을 통해 구체화되며
'적절한 자극을 받지 않으면' 사라진다.

'반복'과 '자극'을 통해 뇌가 발달한다고?
그렇다면 내 아이는
어떻게 해야 쉽게 '반복'할 수 있는 걸까?
나는 어떤 피드백으로 내 아이에게
'적절한 자극'을 주어야 할까?

'반복'은 여러 번에 걸쳐 같은 일이 되풀이되는 것을 말한다.
그렇다면 한번 생각해보자.

나에게 힘들고 고통스러운 일이라면 나는 그것을 스스로 반복하려 들까? 그렇지 않다. 하지만 나에게 매우 쉽고 자연스럽고 게다가 즐겁기까지 한 방향이 있다면? 그것은 누가 시키지 않아도 쉽게 반복될 것이다.

(우리가 기질을 연구한 이유가 이것이다. 뒤에서 자세히 이야기 하겠지만, '기질'이란 자연적으로 흘러갈 만큼 자신에게 가장 쉽고 안정적이고 즐거운 '자신만의 사고 흐름'을 뜻하기 때문이다.)

'적절한 자극'이란 **'반응'**을 말한다. 알다시피 삶의 모든 순간들은 경험의 연속이다. 아이는 경험이라는 과정들에 따라오는 '반응'을 통해 자람을 엮어간다. 외부의 반응이든 내 안의 반응이든... 그렇게 삶 가운데 자신을 느껴낸다는 것이다.

그런데 이러한 과정의 가장 첫 순간, 인식의 가장 첫 번째 시기인 유년기에
'하지 마! 넌 왜 그것밖에 못 하니? 넌 도대체 왜 그러니?'
포기를 경험하는 과정 속에 '나를 부정하는 반응'이 나의 자람의 연속이었다면, 결국 아이는 자기를 알기도 전에 포기라는 자람을 익힐 수밖에 없다.

자람은 결국 기다림이다.
시간이 흘러야 이루어지는 것이고, 자람의 엮임이 쌓여야 완성되는 것이다.

'아이가 자란다'는 것은 아이가 자신을 '자신'의 모습으로 만들어감을 말한다. 자신을 느끼고 채워가며 '자기'를 완성해 감을 말한다. 철저하게 독립성을 지닌 '나'라는 존재는 엄마 그리고 아빠가 대신 자라거나 걸어가며 완성해 줄 수 있는 것이 아니다.

물론 걱정되고 불안하다. 이 길이 아니라 저 길로 가면 더 안정이라는 것을 부모는 이미 살아봤기 때문에 안다.

그러나 우리가 그 길을 경험을 통해 알게 되었듯, 아이는 가장 자신다운 모습으로 자신의 삶을 경험하고 배워갈 수 있는 충분한 능력을 지닌 채 태어난다.

그리고 누군가의 따뜻한 지지와 믿음 속에 자기가 자기의 온전한 주인이 되었을 때, 충분한 경험을 위해 견뎌내야 할 고통 또한 이겨내며 진정한 행복을 찾아갈 수 있다.

앎이란 것은 기다림을 위한 가장 큰 힘이 된다. 걱정과 불안으로부터 흔들리지 않게 하는..
그러니 부모인 우리는 내 아이에 대한 앎을 가져야 한다.
아이가 쌓아나가야 할 자람이라는 기다림을 위해..

부모이기에 그래야만 한다.

흔들리지 않는
뿌리의 자람을,

소리 없는
자람의 시간을,

당신이라는 믿음이
지켜주길

::: 생존과 연결된 '적절한 자극'에 관한 이야기

2차 세계대전에 이루어진 르네 스피치 박사의 연구 결과에 의하면, 아이들에게 의식주보다 교감을 통한 적절한 자극이 성장 및 생명유지와도 연결된다는 사실을 쉽게 알 수 있다.

전쟁으로 부모를 잃은 아이들을 위한 시설에서 의식주를 제공받으며 자라난 아이들과 전쟁피해로 어려운 환경이지만 그래도 부모와 함께 있는 아이들을 대상으로 발달연구를 진행한 결과, 2세가 되기 전에 죽거나 또는 지체 장애를 가진 채 자라날 확률이 더 많이 나타난 곳은 놀랍게도 시설에서 자라난 아이들이었다는 것이 그 연구 결과이다.

그 이유는 시설의 아이들은 그들을 위한 옷과 음식, 집, 교육이라는 환경을 제공받았지만, 이들에게는 눈을 마주쳐주고 안아주며 자신의 반응에 적절한 자극을 제공해줄 부모라는 존재가 없었던 것이다.
부모가 줄 수 있는 엄청난 자람의 힘

어린 아이들을 한번 가만히 바라보라.

심지어 두 돌도 안 된 아이도 자신이 뭔가를 이루고 나면 뒤돌아서서 기대감 어린 표정으로 주변의 시선을 확인한다. 자신의 행동을 향한 엄마의 미소와 눈빛을 확인하는 것이다. 그리고는 다시 뭔가를 기쁨 가운데 시도한다. 그렇게 그 작업을 반복한다. 이것이 바로 뇌의 발달에 있어 '적절한 자극'인 것이다. 이것이 이 시기 아이들에게 생존과도 직결되는 필수조건이다.

3

스스로 생각할 수 있는 힘..

행복을 느껴내는 힘..

4

어쩜 세상은 시험 문제 같은 건지도 몰라
때론 풀리지 않을 것만 같은
나를 막는 벽처럼 느껴질 때도 있지

하지만 확실한 건
시험 문제는 풀어내기 위해 존재한다는 거야

그리고 또 확실한 건
살아간다는 것에 완벽한 정답이란 없다는 것이지

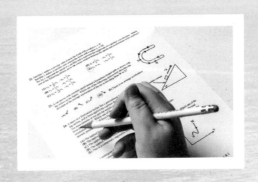

그러니 지금이 아니더라도
다른 사람이 원하는 답이 아니더라도

아이야, 너는
너의 답을 찾아내면 돼

기억 하렴.

세상은
너를 막기 위해 있는 것이 아니고
너를
응원하기 위해 존재한다는 것을

신뢰의 중요성 ?!
::: RDTA 이야기 1

우리 가족이 집 안에서
무엇을 하고 있을까요?
엄마는 무엇을 하고 계실까?
아빠는 무엇을 하고 계실까?
나는 무엇을 하고 있을까요?
우리 가족이 집안에서 무엇을 하고 있는지
그림으로 한번 그려보아요

- 동적가족화 내용 中 -

여기 그림 한 장이 있다.

이것은 아이가 드러내는 행동의 근원이자 뿌리인 사고 방향성, 즉 아이의 기질적 흐름을 분석하기 위해 동적가족화를 도구로 로즈힐 연구소에서 진행한 7살 아이의 실제 RDTA 분석그림이다.

나는 연구소에 소속되어 기질에 관한 많은 실험 연구를 거치며, 인간에게는 자신만의 뚜렷한 사고의 정보유입 흐름(길)이 있고,

결국 이것이 자신의 생각, 주장, 판단, 감정, 행동적 특성(성격)을 이루는 기본적 틀을 이룬다는 사실을 그동안의 연구 자료 뿐 아니라, 실제로 나의 아이들과 생활하는 매순간들 가운데에서 더욱 명확히 느끼고 확인하게 되곤 한다.

대학 시절, 노덕영 박사님과의 연으로 아이들의 기질을 연구하는 RDTA 데이터를 잠시 정리하러 왔다가, 내게 미치도록(?) 사랑스러운 3명의 아이가 생긴 지금에까지 나는 이 일을 하고 있다.

필연이었을까.

RO'S HILL 연구소

40여 년 전 노덕영 박사는 아이들에게 그림을 가르치던 중, 신기하게도 아이들마다 가르쳐준 내용을 이해하고 그것을 인식하는 방식이 각기 다르다는 사실을 알게 되었다.

그녀는 아이들의 각기 다른 방식을 이해하고자 그들의 행동성을 관찰하기 시작하였고, 그러던 중 그림 작업을 이끄는 아이들의 행동성에서 몇 가지 재미있는 패턴을 발견하게 되었다. 이는 아이를 관찰해본 사람이라면 누구나가 발견할 수 있는, 아이들이 갖는 일반적 행동성의 차이였다.

작업에 대한 주제와 진행하는 방법을 알려주면, 말이 채 끝나기도 전에 그 즉시 매우 **빠른** 속도로 작업을 시작하는 아이들이 있는가 하면, 시간이 한참 지나도 쉽게 진행하지 않은 채 꽤 오랜 시간 가만히 있는 아이들이 있다는 것이었다.

그리고 이러한 행동성은 다른 날에도 다른 분야에서도 거의 대부분 일관되게 반복되었다.

결국 이들의 반복적 행동성이 어른들에게 있어 그 아이의 성격을 평가내리는 정보로 이어졌다. '행동성이 빠른 아이는 활발한 아이, 행동성이 느린 아이는 얌전한 아이, 또는 소극적인 아이'와 같이 말이다.

왜 이런 다름이 나타나는 걸까?
이러한 행동성의 다름은 어디에서부터 이뤄지는 걸까?
이들이 갖는 인식 구조의 차이는 과연 뭘까?

그래서 그녀는 그룹을 나누어 '아이들의 행동성'과 그와 연결된 '사고의 흐름'을 연구하기 시작하였다.

그렇게 사고적 패턴과 행동적 연결성을 드러낼 수 있는 다양한 분석도구와 데이터를 표집 하던 중, 노덕영 박사는 신기하게도 동적 가족화라는 그림분석 데이터 속에서 다른 도구에서와는 다른, 매우 뚜렷하면서도 일관적인 자신만의 표현적 특성이 나타난다는 사실을 발견하게 되었다.

그 후 그녀는 30만 명 이상의 동적가족화 그림 데이터를 분석하며 기질 분석기준에 대한 연구를 진행하였고, 이를 통해 아이들에게 접근할 수 있는 기질 교육 연구가 한창 이루어지고 있던 20여 년 전 어느 날,
우연히 그녀가 표집 하여 둔 수많은 자료와 기질 데이터를 정리하는 일을 잠시 맡게 되면서, 어느덧 그녀에 이어 지금까지 나는 기질이란 녀석을 파헤치고 있다.

기질...

인간이 가진 자신만의 사고 흐름... 사고의 힘

연구를 할수록 느끼지만, 정말 인간에 대한 연구는 끝이 없는 것 같다. 누군가 인간을 소우주라 했던가. 그 말이 맞다.

기질을 연구한 이들은 알겠지만, 기질 유형은 1가지로도 10가지, 30가지로도 분류 지을 수 있는 그런 것이 아니다.

부모교육에서 내가 가장 많이 하는 말이 있다.

그것은 바로 '기질은 70억 가지'라는 말이다. 지구상에 만약 70억의 인구가 살고 있다면 말이다. 이 말은 결국 세상에 같은 기질은 단 하나도 없다는 말이다. (이를 이해하지 못한다면, 기질에 관해 당신은 어떠한 해답도 찾지 못할 것이다.)

처음 나와 마주하게 되는 많은 부모님들은 나에게 당신의 자녀를 위한 몇 가지의 방향과 길을 간단히 정의 내려주기를 원한다. 그러나 나는 그것이 큰 의미가 없음을 안다.

그 순간은 그것으로 자녀를 이해할 수 있을 진 몰라도, 앞으로 그들이 마주하게 될 아이와의 많은 시간들 가운데 결국 그들은 또 다른 문제들을 마주하게 될 것이기 때문이다.

그래서 나는 그 순간만이 아닌 평생을 두고 그들에게 도움을 줄 답을 찾게 하고자, 부모님들을 만나는 기회를 얻을 때마다 가능하다면 할 수 있는 모든 시간을 할애하여, 당신의 자녀의 '기질'을 이해시키려 노력한다.

누군가를 통해 해답을 찾는 것이 아니라,
부모가 당신만의 길을 찾을 수 있게 돕고자 말이다.

그런 과정 가운데 나는, 아이를 이해시키기 위해서는
무엇보다도 기질에 관한 우리의 연구에 신뢰감을 갖게 하는 것이
매우 중요하다는 사실을 알게 되었다.
많은 분들이 '정말 그림에서 기질적 흐름을 찾을 수 있는지'를 가
장 궁금해 했고 간혹 의구심을 갖기도 했기 때문이다.

그때마다 나는, 그 자리에서 5분 남짓의 그림 하나를 그려 달라고
요청한다. 그러면 한 번도 만난 적 없던 그에 대한 일상적 행동패
턴을 발생원인과 함께 그 자리에서 설명해드릴 수 있었고, 그제
서야 그들은 아이에 대한 나의 이야기에 신뢰감을 갖고 집중하기
시작하였다.

이렇게 이야기하고 보니, 내가 뭔가 엄청난 사람인 것처럼 보일
수 있겠으나, 내가 그 짧은 시간 가운데 그렇게 할 수 있는 이유
는 내가 대단해서가 아니라, 그림을 그리는 순간 자신이 그린 아
주 작은 선 하나에서도 그 사람이 갖는 사고의 흐름이 반드시 흘
러나오게 되기 때문이다.

이를 어떻게 설명할 수 있을까 생각해보니, 요즘은 어디서나 쉽게
접할 수 있는 '심리'라는 것을 통해 설명하면 이해가 쉬울 듯하다.

우리는 심리(心理), 그 사람의 마음속 이야기를 듣기 위해 흔히 미
술을 도구로 사용한다. 그만큼 '심리미술'이라는 단어를 지금은 거
의 고유명사처럼 활용하곤 한다.
하지만 이에 반해 '심리과학'이라는 단어나 또는 '심리국어', '심리
수학'이라는 단어는 들어보지 못했을 것이다.

그 이유는 과학이나 국어는 우리가 지금 알고자 하는 심리, 즉 사람의 마음속이라는 내면적 골격인 '무의식'이 아니라, '의식'의 체계를 중심으로 사고 지점에 접근되는 구조이기 때문이다.

알다시피 심리란 '나도 모르게 구성되는' 나의 사고 영역의 한 부분을 말한다. 그래서 '나도 모르는 나'의 구조, 즉 내 안에서 형성된 '무의식'의 구조를 알아야만 나의 마음속 이야기를 들을 수 있게 구성되어 있다.

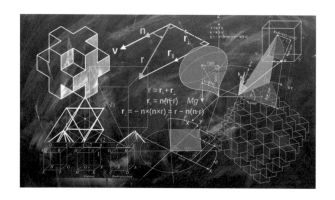

미술은 뭔가를 행하겠다는 '의식'에서 시작되긴 하나, 반드시 그 사람의 '무의식' 구조를 통해 자신도 모르는 자신만의 흔적(뒤에서 다시 설명하겠지만)을 남기는 특별한 구조를 지니고 있다.
이러한 구조 때문에 심리(내면)를 알고자 할 때, 우리는 미술을 도구로 사용하곤 하는 것이다.

의식과 무의식의 결합체, 그림

그런데 앞서 심리과학, 심리수학이라는 단어와는 달리 간혹 심리음악이라는 말은 들어본 적이 있을 것이다.
하지만 심리음악은 무의식을 알기 위한 분석도구로는 잘 사용되지 않는다. 왜 일까?

사람의 무의식을 알기 위해서는 반드시 그 사람이 드러내는 '흔적'이라는 형체가 있어야, 그가 남긴 정보를 바탕으로 근거를 가질만한 원인들을 찾아갈 수 있다.
그러나 '소리'라는 무형(無形)의 도구인 음악은 현재로써는 그 사람이 갖고 있는 내면적 정보 데이터를 얻는 분석도구의 관점으로 활용되기 보다는,
사람의 마음에 심리적 안정을 취하기 위해 도움을 주는 치유적 도구로 활용되고 있다. (물론 음악 또한 인간의 무의식적 감정을 두드

리는 분야라는 측면에서 이 또한 다양한 데이터와 연구과정을 통해
분석적 도구로써의 방향을 찾을 수 있으리라 본다.)

이런 여러 상황들에 비추어 볼 때 미술은
더 정확히 말하여 '그린다'라는 것은 전문적으로 기법을 배우지 않
은 사람이라 하더라도 단지 '동그라미' 하나를 그려도 반드시 자신
의 의식과 무의식이 결합되어야만 이루어지는
'형(形)'을 동반한 완전한 자기 흔적의 구조를 갖는다.

이러한 분석의 자가 정보를 남기는 그림의 특성 때문에, 많은 심
리학적 방향이 그림을 통해 연구되고 또 분석되는 것이다.
정말일까?

나는 증명하는 것을 좋아한다.
그래서 아직 궁금한 것이 많을 것 같은 당신을 위해,
우리 연구소가 연구를 통해 알게 된 '미술의 자가 정보 흔적의 구
조'를 조금만 전해 보겠다.

처음부터 의도한 바는 아니었지만 40여년을 '그림'이라는 도구를 통해 기질을 연구하며, 우리는 그림 속에서 의식과 무의식에서 나타나는 몇 가지 패턴을 발견할 수 있었다.

그것은 바로 [그림을 그리는 소요시간] 과 [그림의 크기] [그림의 선] [구성요소] [그림의 방향] 에서 그 사람이 갖는 자신만의 선호 경향성이 나타난다는 것이었다. 그리고 그 선호 경향성 속에 자신의 사고흐름인 '기질'에 관한 정보가 담겨 있다는 것이다.

그림의 선 (필압)
그림의 크기
소요시간
구성요소
그림의 방향

아이 이야기, 전하기 위해..
::: RDTA 이야기 2

우리 연구소가 기질을 분석할 때,
반드시 연필만을 테스트의 도구로 사용하는 이유는
그림의 선, 즉 '필압'에서 개인의 기질적 정보가 가장 큰 비중을
두고 명확하게 나타난다는 사실을 알게 되었기 때문이다. 그리고
이러한 '필압'은 연필의 선에서 가장 선명하게 나타난다.

손끝을 통해 나타나는 미묘한 자가 흔적

필압에는 자신조차 깨닫지 못했던 자신의 무의식적 선호 경향성이
매우 디테일하고 또 매우 정확한 구조적 형태를 통해 드러난다.
사람들에게 똑같은 진하기와 단단하기를 가진, 예를 들어 똑같은
회사에서 만든 HB 연필을 동일하게 나누어주어도,

사람마다 각자의 미세한 선의 형태와 심지어 각자의 미세한 진하기의 차이를 두며 자기만의 필압의 특성을 매우 개연성 있게 표현해 냄을 알 수 있다.
심지어 이 모든 것을 자신이 일부러 의식하지 않은 상태인데도 말이다.

분명 같은 HB 연필을 사용하였는데, 어떤 사람은 자신도 의식하지 못했는데 거의 B연필에 가까운 진하기의 선으로 그림을 그려나가는 이가 있는가 하면, 어떤 사람은 마치 H연필을 사용한 것 같이 매우 연하게 그림을 그려나가는 이도 있다.

여기서 중요한 것은 정작 본인도 내가 이러한 진하기를 조절해내고 있다는 사실을, 즉 필압에 있어 일관성 있는 나만의 압력조절의 틀을 사용하고 있다는 사실을 잘 알지 못한다는 것이다.

그냥 그렇게 하는 게 편해서..
특별한 생각 없이
그냥 나도 모르게 그런 것뿐인데..

그게 바로 '무의식'이다.

'기질'은 사고에 있어서 '나의 가장 안정적인 방향성'을 찾아들어 가는 것이 큰 특징이다. '체질'이 나에게 있어 가장 안정적인 신체적 방향성을 찾아가는 것처럼..
즉 나의 내면의 안정성을 바탕으로 나도 모르게, 그러한 필압을 사용하고 있다는 뜻이며 그것이 나에게 편하다는 것이다. '나'에 대해 내가 모르던 나의 정보인 것이다...
게다가 내가 곡선을 주로 사용하느냐, 직선을 주고 사용하느냐 또한 필압을 통해 알 수 있는 기질적 사고 흐름이다.

아~ 내가 이런 필압을 가졌었구나.
그래서 언제나 내 그림이 늘 진하게 보였던 거였어.

조금 단순해도 정확해 보였던 것도
내가 주로 곡선보다 직선을 선호해서였군.

말 그대로 기질이란,
나도 모르게 나를 이끌어 가는 사고의 정보 유입로인데. 그게 사실은 정말 나도 모르게 되는 것은 아니다.
나에게 내제된 기질이라는 나의 틀이 나를 그러한 방향으로 이끌어 간 것이기 때문이다.

즉, 내가 충분히 알 수 있고 찾아낼 수 있는 나의 안정적인 내면의 방향성이 기질이다.

우리가 체질을 알면 나의 신체와 연결된 건강하고 안정적인 삶의 방향성을 찾아갈 수 있듯,

기질은 나의 행동, 사고의 결합, 감정의 흐름들에 대해 '내'가 '나'를 더 안정적으로 찾아갈 수 있게 돕는 '나의 정신세계의 내비게이션'이라 볼 수 있다.

결국 '체질'과 '기질'은 나를 위한 안정적 방향성의 길을 지닌 열쇠가 된다. (살아가면서 이를 우리가 결코 무시해서는 안 되는 이유이기도 하다.)

여기서 다 이야기하기에는 너무 길고 지루해질 수 있기에, 분석기준 중 [그림의 크기]에 대해서만 더 나누겠다.

기질 분석에 있어 그림의 크기는 '인물의 크기'만을 중심으로 본다. 가구나 집 등 다른 소재의 그림에서는 기질적 정보가 특별히 드러나지 않았기 때문이다. 개인이 갖는 무의식적 기질성은 인물의 크기에서 가장 잘 드러난다.

그림의 선에서와 같이 그림의 크기, 특히 인물의 크기를 보면 그 속에 자신만의 선호 기준치를 중심으로 한 무의식적 흐름과 의식적 흐름의 결합의 방향성이 드러난다.

누군가가 '크게 그리세요. 작게 그리세요.'라고 제시하지 않아도 기질테스트의 주제인 [가족을 그리는 과정]을 보면, 어떤 사람은 전체적으로 인물의 크기가 작은 사람이 있고, 반대로 또 어떤 사람은 매우 크게 그리는 사람이 있다.

중요한 것은 그 그림을 그린 당사자도, 특정한 크기를 제시하거나 제안 받지 않은 만큼, 대부분 크기에 관해 틀을 신경 쓰지 않은 채 그림을 그려나간다는 사실이다. (사람을 약 3cm로 그려야지. 이 사람의 팔은 여기쯤에서 선을 멈춰야지 등을 구체적으로 생각지 않고 그린다.)

[큰 크기를 선호하는 기질]   &   [작은 크기를 선호하는 기질]

그런데 재미있게도 내가 그려놓은 그림 속 인물의 크기가 매우 규칙적인 패턴으로 그려졌음을, 나조차도 그림을 모두 완성하고 나서야 볼 수 있게 된다.
다 그리고 보니 그림에 있어 일관된 나만의 크기 구조를 가지고 있다는 것을 발견하게 된다는 것이다.
그것도 옆에서 그림을 그린 누군가의 그림과 비교해 보았을 때, 남과 내가 다름을 더욱 뚜렷이 인식할 수 있게 된다.

(그래서 테스트 시, 그림 크기에 대한 어떠한 지시도 해서는 안 되며 종이의 규격과 틀도 동일한 기준을 제시해야만 한다.)

여기서 재미있는 사실은, 작게 그리는 것이 좋고 편한 기질성을 보이는 사람에게 일부러 그것 보다는 훨씬 더 크게 그려달라고 요구를 해도, 생각만큼 크게 그려지지 않는다는 것이다.
그리고 크게 그리려고 할수록 부담스럽고 간혹 그림을 아예 그리고 싶지 않은 마음이 들게 되기도 한다.

사고란 나의 뇌에서 이루어지는 구조적 결합인 만큼,
나의 상태가 편안하고 안정될수록 사고 결합의 정보원들을 더 쉽고 빠르게 이끌어낼 수 있다.
그래서 내가 주로 선호하는 선호 경향성을 택할 때, 나의 뇌는 안정을 이루고 그만큼 정보들을 쉽게 끌어당길 수 있다.
나로 하여금 더 좋은 아이디어를 떠올릴 수 있게 돕는 것이다.
예를 들어,
마음이 불안하고 초조할수록, 우리는 뭔가 떠올리려 해도 머리가 전혀 안 돌아가는 것 같은 경험을 해 본 적이 있을 것이다.

그러나 뭔가 마음이 편안하고 여유롭기까지 할 때, 우리는 전에는 미처 생각지 못한 것까지도 폭넓게 생각해내는 듯 한 경험을 해 본 적이 있을 것이다.

결국 사고란, 나의 안정적 방향성에서 더욱 원활하게 결합을 이끌 수 있다는 것이다. 뇌가 안정감 있게 작동된다는 것이다.

흐음..
그럼 한번 생각해 봐.

기질적 흐름이 비슷하지 않는 이상,
내 아이는 나와는 전혀 다른 부분과 방향에서
정신적 안정을 취할 수도 있다는 거야.

그 말은
나에게 있어서의
'안정적' 방향이나 방법을

아이에게 가르치거나
또는 강요했던 것이

내 아이에게는
도움이 아니라 오히려

'아무런 생각도 해낼 수 없는'

작동될 수 없는
'불안정'의 환경이 되었을 수도 있다는 거지.
그걸 멘붕(멘탈 붕괴)이라고 하지
…
…
…

내가 내 아이에게
수많은 멘붕의 상황을 만들어 주었을지도...

결국 기질은

'내가 맞다. 내 것이 옳다!'

라 말할 수 있는 것이 아님을 꼭 전하고 싶다. 기질은 각자의 사고 흐름 가운데, 가장 안정적인 '그'만의 길이자 '그'의 정신 영역의 구조이다.

무엇보다 부모와 자녀간의 기질적 상관관계에 관해 연구를 진행해 본 결과, 가족이라는 유전적 관계에 있어서 기질은 유의미한 상관성이 나타나지 않았으며, 오히려 정 반대 기질의 부모와 자녀의 조합관계도 꽤 많았다.3)

즉 기질은 어느 것 하나 똑같은 형태가 없는 자연의 창조물과 같이, 자신에게 선물처럼 주어진 자신만의 틀이라 보는 것이 맞다. 자연물 가운데 똑같은 형태를 지닌 것이 있는지 보라. 인간에 의해 인위적으로 만들어지지 않은 이상, 나무 한 그루를 봐도 가지의 꺾임이 모두 다르고 그로 인한 수관의 형태가 모두 다르다.

자, 그럼 한번 보자.

나의 뇌를 쓰는 모든 순간에
자연적으로 발생되고

----

3) 이는 그만큼 서로를 이해하기가 힘들다는 뜻과 같다.
　 기질은 선천성과 연결된 것이다. 하지만 기질 발달은 후천적 환경에서 매우 큰 영향을 받는다. 가장 큰 영향을 받는다는 표현이 맞을 수 있겠다. 간혹 가족들 간에 성격이 비슷해 보이는 경우가 있는데, 이는 후천적 환경에 의한 학습적 결과로 인한 것으로 자연적인 기질 발달의 흐름으로 인한 것이 아님을 알 수 있었다. 결국 기질에 대한 부모의 올바른 피드백이 아이의 안정적 사고 발달에 매우 큰 영향을 미치게 된다는 것이다.

나로 하여금
일관된 패턴을 갖게 하는 '기질'

이러한 일관된 패턴의 결과를
우리가 눈으로 관찰하게 되었을 때,
그걸 우리는
'성격'이라고 하지.

한 사람이 다른 사람과 구분되게 만드는
그 사람만의 일관된 행동패턴. '성격'

결국, 행동적 결과인 성격을 만드는 기본적 틀이
기질에서 시작된다는 거지.

그럼
기질의 흐름을 알면,
성격의 개선 방향도 알 수 있고,
그 사람에게 맞는 인지 범주인
학습의 교육 방향도 알 수 있다는 건가?

알다 뿐일까...
내 아이의 삶 전체를
안정의 삶으로 이끌어 나갈 수도 있는 걸...

이제 '기질'이라는 자기 안정의 흐름이 '성격'이라는 외부적 큰 틀
을 갖게 해줌을 이해할 수 있을 것이다.
그럼 이제 이 말의 뜻 또한 이해가 될 것 같다.

어떤 기질이 더 좋고, 어떤 기질이 더 나쁘다?
그런 건 절대 성립될 수 없다!

우리는 그 누구도, 다른 사람을 향해 도덕적 범주의 것이 아닌 이상 옳다, 그르다 말할 수 없다. 그는 나와 '기질'이 다른 것일 뿐이다. 다른 것은 틀렸다는 것이 아님을 반드시 기억해 주기를 바란다.

또 한 번 강조하지만,
'사고의 흐름'에 있어 나의 것이 반드시 옳은 것이 아니다.
(우리는 인간이기에 이것이 쉽게 인정되지는 않겠지만..)

나의 사고를 이끄는 방향성이 나를 안정으로 만들어 주듯,
다른 사람은 그 사람만의 방향성이, 또한 그를 안정으로 이끌어주기 때문이다.
내가, '나도 모르게 나를 이끄는' 사고 구조를 가진 것처럼, 그는

나와는 또 다른 사고 구조를 가진 것일 뿐이다.[4]

혹시, 지금까지 아이를 키우며 내 아이의 행동이나 생각이 왜 내가 원하고, 내가 생각하는 데로 이루어지지 않느냐고, 답답해하거나 화를 냈던 적이 있는가.

나 역시 고백하자면...
이 모든 사실을 알고 있으면서도 무수히 많다.. 순간순간 그렇다..
인간이기에 '나'를 기준으로 먼저 생각이 들게 되기 때문이다.

하지만 이제부터는 그런 순간이 올 때마다 그것이 얼마나 타당성이 없는, 얼마나 불필요한 감정의 소모전인지 조금은 이해하였으면 좋겠다. 나와 내 아이는 사고를 접목하고 결합해내는 구조가 조금 달랐던 것일 뿐이다. (아이뿐 아니라 남편과 나 사이에서도...)

이 사실을 통해 조금은 더 편안하게 당신의 아이를 바라볼 수 있는 앎의 여유가 생겼으면 좋겠다. 그 여유가 당신 스스로에게도 또한 당신의 아이에게도 서로를 바라보는 진정한 기다림의 길을 인도하여 주기를 바란다.

이 장에서는 RDTA의 연구에 관해 전하고 싶었다.
그것이 당신의 자녀를 이해하는 우리의 이야기에 신뢰감의 토대가 되기를 바래서 였다.

이제부터 당신의 자녀가 행동성에 숨겨둔 이야기를 본격적으로 시

---

4) 기질이 갖는 구조를 이해했다면, 이제 우리는 남을 이해하기 위해 또한 '나'를 온전히 이해하고 인정해 주어야 한다.

작하려 한다. 내 아이는 왜 그런 행동을 했는지에 대해 말이다.
사실 아이들은 처음 그 순간부터 지금까지 자신의 모든 것들을 통
해 이야기 하고 있었다. 자신의 이야기를..

아이들에게 있어 이유 없는 행동은 없다.

몇 번을 해도 또 해야 하는 외침

당신의 자녀는 지금
가장 완벽하다.

그것을 인정하는 당신이라는 부모가 존재하는 이상…

5

삶을 향한 너의 걸음을

언제까지고 내가 대신해 줄 순 없지만,

너의 걸음 가운데

내가

차가운 발밑, 보드라운 흙이 되어줄 수만 있다면..

6

아이야

슬픔을 너무 이상하게 생각지 마
외로움을 너무 힘겹게 느끼지 마

다 큰 어른이 된다 할지라도
그때에도 우린 힘들고
그때에도 고통스러운 일들을
여전히 또 마주하게 되니까

하지만 그것이 너를 너무 무겁게 묶어두게 하진 마
그것은 잠시 지나가는 바람일 뿐이니까

너를 그 바람에 묶어두지 마

있잖아. 너의 삶은...
결코
지나가는 바람에 묶일 만큼...
가볍지 않아

기질에 관한 에피소드 하나
::: 자연스러움

겨울이 왔다.
가을이 왔구나 느낀 것이 엊그제인데, 어느덧 차가움이 실린 바람
이 코끝을 스치며 무겁게 지나가는 겨울이 다시금 찾아왔다.

이맘때쯤 겨울을 준비하는 자연의 풍경을 바라보고 있노라면, 부
모님들께 아이에 대해 전할 수 있는 또 한 가지 귀한 이야깃거리
를 새기게 된다. 그건 바로 자연보다 더 자연스러운
아이들의 신비한 능력에 관한 이야기이다.

겨울을 마주할 때쯤 나뭇잎이 거의 떨어져버린 겨울나무의 앙상한
가지들을 보면 나는 이런 생각이 든다.

아, 너무 춥겠다.....

나이가 들수록 으슬으슬 뼈마디 마다 바람이 불어내는 서러움을 알게 되면서 나는, 나뭇잎을 하나 둘 떨어뜨리고 앙상해져가는 겨울나무를 볼 때마다, '이렇게 또 세월이 지나가는 구나.' 바쁜 세월을 한탄하며, 괜히 돌이킬 수도 없는 옛 추억을 끄집어 지나간 시간을 그리곤 하는 것 같다.

그러나 어른들의 이러한 아쉬움과는 달리, 아이들은 땅에 흩뿌려진 바짝 마른 낙엽 위로, 여기저기 폴짝거리며 그것의 바스락거리는 소리에 해맑은 웃음 가득 삶의 기쁨을 또 하나 만들어 버리곤 한다.

정말 아이들이란...^_^

103

이 몸짓을 그저 순수한 시선으로 따라가다 보면, 조금 의외다 싶은 자연 속 흐름이 눈에 들어오게 된다.
나무는 추운 겨울이 되기 전이면 어김없이 자신의 모든 나뭇잎들을 이렇게 남김없이 떼어내 버린다는 사실이다.
안쓰러울 만큼 벌거벗은 채 말이다.

왜지?
아이들의 행복을 위해?

아무리 봐도 이상한 장면이다.
겨울이면 더 따뜻하게 해 주어야 할 텐데, 왜 나무는 나뭇잎을 하나도 남김없이 떨어뜨릴까?

그래서 한번 알아보았다.

모든 생명체는 물이 있어야 산다.
생명체의 생명 유지에 꼭 필요한 것이 바로 물과 산소라고 한다.
특히 생명체의 구성 성분 중 수분이 차지하는 비중이 상당히 큰
만큼 결국 물 없이 생명의 유지는 불가능하다는 것이다.

실제로 낙엽을 손으로 쥐면 사르륵 바스라 지는데, 이는 잎에 더
이상 수분이 없다는 것이고 그것은 잎의 생명이 다했음을 의미하
는 것이다.

그럼, 잎이 생명을 다해 떨어지는 것일까?

물론 잎이 생명을 다해 떨어지는 것이 맞다.
그러나 더 정확한 이유는,
나무가 겨울 내 죽지 않고, 얼지 않고, 생명을 유지한 채 살아남기
위해서 나뭇잎을 '스스로' 떨어뜨리는 것이다.
겨울의 추위 속에서 살아남기 위해서 말이다.

흠... 추위를 견디려면 나뭇잎이 더 많아야 하는 거 아냐?

아이러니하게도 그렇지가 않단다.

잎의 여러 작용에는 증산 작용이라는 것이 있다.
물이 수증기가 되어 몸 밖으로 나오는 것을 증산 작용이라고 한
다.

잎의 뒷면에는 기공이라는 것이 있는데, 문의 열고 닫음을 조절하여 물을 수증기 형태로 몸 밖으로 나가게 하는 삼투압을 일으켜 낸단다. 이를 통해 식물은 수분 량 뿐 아니라 체온도 조절하고 무기 양분의 농도도 유지한다고 한다.

물이 몸에서 나가는 작업?

여기서 '물이 몸에서 나간다'는 것은 자연스럽게 자신의 체온을 떨어뜨리게 됨을 뜻한다. (우리가 땀을 흘리고 나면 추위를 느끼거나, 오줌을 싸고 나면 순간적으로 몸을 떠는 것[5]과 같다.)
겨울이 되면 자연적으로 바깥 온도가 떨어지고, 그러면 나무는 체

---

5) 땀을 통해 수분이 몸 밖으로 배출되면 자연적으로 몸의 체온이 떨어진다. 오줌을 누면 몸이 떨리는 이유도, 몸의 열이 오줌과 함께 빠져 나가면서 자연적으로 체온이 떨어지는데, 이 때 몸의 체온을 올리려는 무의식적인 행동이라고 한다.

온이 떨어져 식물세포가 모두 얼어붙게 된다. 거기다가 잎의 증산 작용까지 계속 된다면, 당연히 체온은 더욱 떨어질 수밖에 없다.
그래서 나무는 자연의 흐름 가운데에서 얼지 않고, 겨울이라는 시간을 잘 견디기 위해, 추운 겨울이 되기 전에 자신의 잎을 스스로 모두 떨어뜨려 내야만 하는 것이다.
결국 이를 위해 나무는 이른 봄부터 잎과 가지를 잇는 부분에 '떨켜층'과 '보호층'이라는 것을 만들어내는 것이다.6) 즉, 추운 겨울을 준비하기 위해 이른 봄부터 엄청나게 똑똑한 작업을 나무는 스스로 해낸다는 것이다.

오~~~~~ 나무, 이 녀석... (나보다 더 똑똑한 듯... 으잉?)

게다가 나무의 똑똑한 작업은 이뿐만이 아니다.

잎은 광합성을 통해 에너지를 만들어내는데, 이 말은 곧 겨울을 이겨내는 에너지가 잎에서부터 나온다는 뜻이다.
그러나 얼어 죽지 않기 위해, 스스로 살아남기 위해, 잎을 모두 떨어뜨려 버린다면,
오히려 잎을 통해 얻을 수 있는 에너지를 공급받지 못해 결국 나무는 죽게 될 것이다.

떨어뜨리지 않으면 얼어 죽고,
떨어뜨리면 굶어(?) 죽고..

----

6) 떨켜층 : 잎이 나무에서 분리되게 해 줌. 보호층 : 잎이 분리된 후 세균이나 바이러스의 감염을 막아 줌.

그래서 나무는 또 다른 똑똑한 작업을 해낸다. 잎은 떨어뜨리되 에너지의 손실은 막기 위해, 잎을 모두 떨어뜨리기 전까지 영양분의 절반을 '줄기'로 옮겨오는 것이다. 그리고는 추운 겨울을 나기 위해 나무는 겨울잠에 들어간다.

와~ 이러니.. 생각할수록 똑똑한 녀석이지 않나!

여기서 내가 중요하게 관철한 것은 이 모든 과정을 나무는 누군가가 가르쳐주거나 이끌어서 하는 것이 아니고, '스스로' 알고 '스스로' 행한다는 사실이다.

정말 생각할수록 신비롭고 대단하지 않은가.
인간조차 생각지 못한 이 대단하고 신비로운 일들이 자연 속에서는 너무도 많이 이루어지고 있다.
그래서 이를 '자연'이라고 부르는 것이다.

자연(自然)이란 사람의 힘이 더해지지 않은 채, '스스로' 그리고 '저절로' 이루어지는 모든 존재와 상태를 뜻한다.
그것이 바로 우리가 즐겨 말하는 '자연스럽다'란 말의 찐 의미이며, 신비로울 만큼 저절로 흘러가는 이 세상의 흐름과 순리를 담은 뜻인 것이다.

그런데 이러한 자연스러움의 신비로운 흐름을 아주 어린 당신의 아이도 이미 태어날 때부터 알고 행하고 있다!!!

인간 역시 생명체이기 때문에 몸에 수분이 부족하면 반드시 죽는다. 그러나 물이 너무 많아도 죽는다.
적절한 양을 조절해내야만 생명을 유지하며 건강하게 잘 살 수 있다는 말이다.
나무와 같이 엄청난 작업을 인간도 인간의 신체구조에 맞게 구성해내고 이루어내야만 살 수 있다는 것이다.
그런데 너무나 다행히도,
갓 태어난 아기라 할지라도 이 사실을 알고, 자신을 위한 '수분 유지 및 조절 작업'을 너무나도 훌륭히 잘 해 낸다!
몸에 물이 너무 많아졌다 싶으면 쉬~~~~ 오줌을 싼다!!!
그렇게 몸 밖으로 일정량의 물을 스스로 빼낸다.

모든 생명체가 그렇듯 만약 물이 빠져나가지 못하면 몸이 썩어버릴 것이다. 반대로 몸에 물이 없으면 생명을 잃게 된다. 그런데 내 아이가 생명 유지의 수분 조절 방법을 너무 다행스럽고 또 너무 똑똑하게도 이미 알고 있다! 너무 감사하게도 쉬를 싼다. ㅜ.ㅜ 그

리고 땀을 흘린다. (웃기고자 하는 말이 아니다. 너무 자연스러운
것이라 그저 지나쳤지만, 이는 정말 대단한 일이다.)

그 어떤 부모도 사랑하는 내 아이가 행여 이 사실을 몰라 죽진 않
을까 염려되어, 갓 태어난 아기의 귀에다가 이 사실을 속삭여 가
르쳐 준 적이 없다. 그런데 내 아이는 이 일을 밤낮으로 해낸다.
수많은 쉬야를 하고, 우리는 밤낮으로 기저귀를 갈아준다.
아무도 알려주지 않았는데 너무나 '당연하고' 매우 '똑똑하게' 자
연스럽게 해내는 것이다. 지금 하는 이야기가 다소 우습고 황당하
다 생각이 들 만큼, 너무나 당연하고 자연스럽게 말이다.
바로 이것이다.

'자연스럽다' 라는 말은 사전적 의미로 정의하면,

1. 억지로 꾸미지 아니하여 이상함이 없다.
2. 순리에 맞고 당연하다.
3. 힘들이거나 애쓰지 아니하고 저절로 된 듯하다.

라는 뜻을 담고 있다.

지금부터 이야기하고자 하는 '기질'이란 바로 이와 같은 것이다.
'스스로 생각하는 동물'이라 불리 우는 인간에게 있어,
자연스럽게 존재하고 또 자연스럽게 흘러가되 누가 억지로 만들어
준 것이 아닌, 나의 생존을 위해 나에게 담겨져 있는 자연적인 나
만의 사고 시스템...

기질이란 인간이라면 반드시 이루어져야만 하는 '나의 정신영역의 사고 방향성'을 말한다.

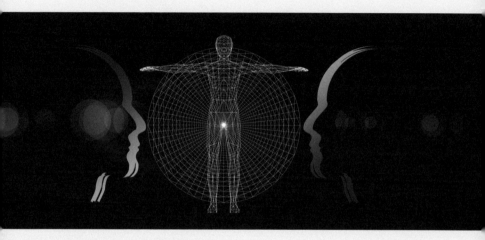

같은 '나무'라 할지라도, 낙엽을 떨어뜨리는 사철나무와 달리 상록수는 겨울을 나는 또 다른 자신의 구조를 지닌 것처럼, 인간 또한 '인간'이라는 같은 종(種)일지라도, 자신을 움직여내는 사고의 방향성이 놀랍게도 (자연의 그 어떤 것보다 대단하게도) 각자, 전부, 모두, 심지어 70억의 인구가 다 각자 다른 방향으로 이루어져 있다는 것이다.

기질...
인간이 자연스럽게 지닌 자신만의 사고 방향성
그러나
모든 인간이 **각자 다른 구조**로 흘러가는 것!

'기질' = '다름'

우리는 곧잘 '다르다'는 것을 '서로 틀리다'라는 의미에서 '틀렸다' 는 뜻으로 잘못 이해하기도 한다. 그러나 다르다는 것은 말 그대 로 '다르다'는 것이지 틀렸다는 것이 아니다.

나는 언제나 기질의 의미, 기질이 무엇인지에 관해 전해야 하는 순간이 오면, 이것에 대해 어떻게 잘 전할 수 있을까 수없이 고민 하고 또 망설이게 된다.

기질을 정확히 이해해야 아이를 이해할 수 있는데, 기질을 어떻 게 설명해야 할까. 어떻게 하면 좀 더 쉽게 아이들의 '다름'을 이해할 수 있을까? 누가 만들어 놓은 기준이 아닌 '있는 그대 로' 내 아이의 다름을 인정하게 해 줄 수 있을까?

그래서 너무 당연해서 유치하게 들릴지라도, 겨울나무의 앙상한 가지 이야기와 아이들의 쉬야 이야기를 통해 '자연스러움의 의미' 를 잠시 꺼내 본 것이다.
너무나 당연해서 그냥 흘려버린
'자연스러움'이란 것이 갖는 의미를 말이다.

그것과 같은 것이 바로 '기질'임을 알아주길..

이제 그 누구도 억지로 이끌지도, 건드리지도 않은
'자연스러움'의 의미를 바탕으로 나는,
당신의 소중한 아이를 이 순간에도 살아 숨 쉬게 하는 '기질'에 관 한 본격적인 이야기를 이 말과 함께 시작해 볼까 한다.

\#   인간은 누구나 사고를 한다.

그런데 사람마다 사고하는 방식이 다르다.   \#

7

'자연스럽다'라는 말이
가장 잘 어울리는 단어

'자연'

그리고 '아이'

8

이제야 조금 알 것 같아

나에게 와 준 너의 의미

너는

　　세상 가운데 놓인

나를 향한 사랑 이었구나

　　　　나를 위한 기쁨 이었구나

120

02

사랑해
나의 기쁨아

너의 첫 번째 이야기

::: 활발하다고, 산만하다고?

    그게 다가 아닌데~

드디어 2부가 시작되었다. 글 솜씨의 부끄러움은 어쩔 수 없지만, 아이의 이야기를 시작하려니 벌써 기대가 되고 설렌다. 지금부터는 아이들의 행동 속에 숨겨진 기질 이야기를 풀어내 보려 한다.

자동차가 움직이려면 기름이 필요하듯, 기질에는 기질을 이끌게 하는 원동력과 같은 에너지원이 있다. 이를 중심 에너지 또는 주 기능 에너지라 한다.

중심 에너지는 그 에너지의 특성에 따라 크게 A-에너지, T-에너지, E-에너지와 같이 3가지 형태로 나눌 수 있다.

그리고 이 중 어떤 에너지를 자신의 중심 에너지로 사용 하는 가에 따라 아이의 기질과 행동성은 달라진다.

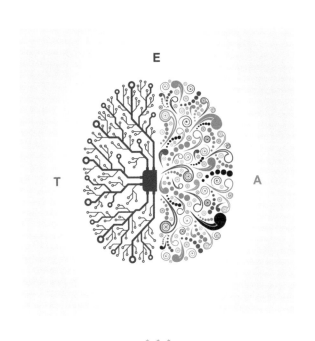

E

T

A

* * *

고대에서부터 지금까지 수없이 많은 이들이 기질을 연구하였고, 그만큼 기질에 관한 이론과 주장들이 많다. 그러나 그 어떤 연구자도 단 하나의 개념으로 기질을 섣불리 정의 내리지 못한다. 모든 것을 알고 있는 신이 아닌 이상, 1+1=2 라는 단 하나의 원리와 흐름으로 인간의 사고영역을 정의 내릴 수 없기 때문이다. 이는 우리가 세상의 이치를 다 알 수 없는 것과 같다.

이 책에서 다루고 있는 내용은 로즈힐 연구소가 오랜 기간을 통해 알게 된 연구 결과이자 그것을 담아낸 기질이론이다. 그러니 우리 또한 '이것만이 진리'라고 주장하지 않는다. 그러나 모든 기질 연구가의 연구목적이 그러하듯, 나 또한 우리의 연구가 당신이 당신의 자녀를 이해하는데 또 하나의 길을 제시할 수 있길 바란다.

* * *

123

먼저 A-에너지를 볼까?

A-에너지를 '행동에너지' 라고도 부른다.
그 이유는 A-에너지는 아래의 두 가지 요소의 흐름을 동반할 때, 기질을 보다 잘 아니 보다 더 자연스럽게 이끌어낼 수 있다는 특징을 갖기 때문이다.
그 두 가지 요소는 바로 '말'과 '움직임'이다. 이 두 가지 요소가 A-에너지를 움직이게 하는 '기름'의 역할을 한다.[7]

"나는 **말**을 많이 하거나
많이 **움직**일수록
생각을 더 잘해요."

그러다 보니 A-에너지를 주기능으로 쓰는 아이들일수록, 기질적으로 '말'과 '움직임'이 많은 것이 이들의 가장 자연적인 외형적 특징이다.

앞서 여러 번 이야기했지만, 기질은 나도 모르게 이끌려져 나오는 구도이기 때문에, 이들에게 있어 말과 움직임을 멈춘다는 것은 (당신이 예상하는 것보다 훨씬 더) 그들에게 있어 설명할 수 없을 만큼 불편하고 힘들고... 그만큼 어려운 일이다.

왜 그럴까?

----

7) '말'과 '움직임'이 기질적 원동력이라는 의미에서, 행동을 의미하는 Active 라는 단어를 사용하여 A-에너지 또는 행동에너지라고 한다.

A-에너지는 뇌의 다양한 기능 중, '운동기능'과 '감각기능'의 자극
점이 자신의 사고 통합을 이끄는 뇌 활성화의 시작점을 이끈다고
설명하면 이해가 쉬울까?

다시 말해 A 기질은 '말'과 '움직임'이라는 형태가 뇌를 사고점에
원활히 도달할 수 있게 하는 '열쇠(key)'와 같은 역할을 하게 된다
는 것이다.

흐음….
이게 뭔 소리인가 ?

이렇게 이야기하면 이해가 좀 더 쉬울 것 같다.

A 기질의 아이들은 '말'이라는 요소를 동반할 때, 사고의 접근이 보다 쉽게 이루어진다. 즉, '말'을 많이 할수록 뇌가 더욱 원활히 잘 돌아가는 기질적 사고 시스템을 지니고 있다는 것이다.

그러다 보니 A 기질의 아이는 '말'이라는 요소를 동반할 수 있는 '대상'이 있을수록, 뇌는 더 잘 돌아가기 때문에 이들은 '말'을 할 수 있는 대상인 '다른 사람'과의 피드백(대화)을 자신도 의식하지 못한 채 아주 쉽고 편하게 잘 이루어낸다.
그래서 외형적으로 보았을 때 A 기질은, 다른 기질에 비해 상대적으로 말이나 대화를 매우 잘하는 것처럼 보인다. 누구하고도 쉽게 대화를 해내는 것처럼 느껴지는 것이다.[8]

이런 기질적 특성을 갖고 있다면, 이들의 성격은 다른 사람들에게 어떻게 비춰 보이게 될까?
당연히 활발한 성격으로 비춰 보이게 된다.

---

8) 그러나 사실은 말을 잘한다기보다, 저절로 말이 튀어 나온다 라고 표현하는 것이 더 맞을 것 같다.

더욱이 이러한 행동성은 누구에 의해서도 아니며 '태어날 때부터' '내 안에서 흐르는' 자연적이고 자동적이며 심지어 일관적으로 반복되는 특별한 흐름인 것이다. '말'이라는 요소를 많이 사용할수록 정보를 정확하게 찾아내는 '사고 안정화 시스템'을 가지고 있는 것이다. (그래서 간혹 말이 너무 많다는 인식을 주게 되기도 하지만...)

당연히 일상생활의 '대화'에서도 기질적 연결성이 드러난다.

"너 어제 뭐 했니?"라는 질문을 받았을 때, 이 아이의 뇌는 먼저 어제에 대한 정보를 찾아내기 위해, (어제와 연결된 뉴런9)정보의 시냅스10)를 결합해내기 위해) 사고의 결합을 이끌 전기적, 화학적 자극물질을 마련하듯, 무의식적으로 '말'을 통해 동력을 발생시키고, 이를 통해 자연스럽게 그리고 정확하게 내가 어제 무엇을 했는지에 대한 답(사고)을 찾아 들어가게 된다.

그래서 무의식적으로 상대가 던진 말을 똑같이 반복적으로 '말'하며 자기 에너지원을 돌려주는 언어적 특성을 갖게 되기도 한다. 무심결에 말이 튀어나오듯이, 바로 이렇게 말이다.

"어제 뭐 했니?" (^-^)

"나 어제 뭐 했지?" (^-^)

---

9) 앞서 이야기했지만 감각 기관에서 받아들인 정보는 뇌로 전달되고, 뇌에서 판단을 하여 명령을 내린다. 이러한 일련의 과정은 뉴런이라는 신경세포를 통해 일어난다.
10) 뉴런과 뉴런 또는 뉴런과 다른 세포 사이의 접합관계나 접합부위인 시냅스로 인해 인간의 뇌는 개별적인 신경세포들 사이에서 결합적 정보를 주고받게 된다.

생각하기 위해 어떤 말이든 '말'을 하고 사고지점에 들어가는 구조
라는 것이다.

어? 나에게 질문을 해오네? (^-^)
그럼 생각을 해야지~ 내 생각 열쇠 어디 갔지?
아, 여기 있네. '말' 11)

이러한 기질적 패턴이 A 기질의 언어적 흐름과 연결되어 일상생활
가운데에서도 일관적이고 반복된 흐름으로 사용된다. 그리고 이러
한 일관적이고 반복된 행동이 결국 사람들이 판단하는 성격의 정
보가 되는 것이다.

성격? 성격이라.. 어디 보자.
성격은 그 사람에 대한 판단이긴 한데.
그 사람을 바라보는 다른 사람의 관점이
기준점이기도 하단 말이지..

11) 그래서 이들이 말을 하는 패턴을 보면, 리액션(상대방의 말이나 행동에 대해
반사적 작용으로 나오는 행동이나 말)과 같은 추임새가 많다는 특징을 갖기도
한다. '아~, 와~, 그랬구나, 오~' 등과 같은...

그럼 내 아이를
다른 사람들은 어떻게 느낀다는 걸까?
질문을 했는데, 뭔가 바로 말이 나와 주고,
또 이야기를 계속해서 잘 이어가니...

'오호, 이 아이,
처음 보는 사람하고도 말을 잘 하네~'
'질문에 대해 대답도 잘하고'
'이 녀석, 참 똑똑한 아이인데?'

사람들은 A 기질의 아이가 무슨 질문을 해도 바로 말을 하다 보니 A 기질 아이에 대해 '대화가 된다. 누구하고도 말을 잘한다. 밝다. 활발하다. 똑똑하다.'라는 생각을 갖는다.
더욱이 말을 많이 할수록 어제 뭐했는지를 더 구체적으로 기억해 내기도 한다.

선생님 ㅂ "소연이 어제 뭐했어?"
소연   ㅂ "(우선 아무 말 시작) 나 어제 뭐했지? 아, 뭐 했더라~
       어제 뭐 많이 했는데, 아, 맞다. 어제 엄마랑 아빠랑 마트
       갔어요. 거기서 있잖아요. 엄마랑 예쁜 인형도 보고, 과자
       도 샀어요. ^-^ 그리고 마트 밑에 가면 밥 먹는 곳 있잖
       아요. 거기에서 저녁밥 먹고 간다고 해서, 진짜 먹기 싫
       었는데 김치찌개 먹었어요. (말..말..말.....)"

말을 할수록 나의 뇌는 어제에 대한 정보원들을 더 쉽게 결합해 내고, 나도 생각지 못한 것들이 선명하게 쏟아져 나오기 때문이다.

똑똑하다는 느낌을 갖게 될 수밖에 없다. 하지만 '말'이 사고 조합을 이끄는 원동력이다 보니, 매 순간 말이 너무 많은 것처럼 느껴져 어른들에게는 간혹 시끄럽거나 정신이 없게 보여 지기도 한다.

아, 똑똑하긴 한데, 좀 시끄럽네.

이렇듯 A 기질의 아이는 자신을 발달시키듯, 자람의 모든 시간에 동력을 꺼내 쓴다. 특히 유년기에는 자신의 뿌리를 내리는 만큼 A 의 기질적 특징은 더 자주 더 강하게 드러난다.

그래서 내 아이가
아침에 눈을 뜸과 동시에 말을 시작하고
(아니, '엄마'라고 먼저 외친 다음에 눈을 뜨는 것 같아.)
하루 종일 말하고 자고 나면 집안이 다 조용해졌구나..
(집? 아니, 세상이 다 조용해지는 것 같다..........)

그러다 보니 A 기질은 공부를 할 때, 소리를 내거나 말을 하면서 공부를 하면 더 잘 이해되는 것 같고, 암기가 잘된다고 느낀다. 심

지어 커피숍과 같이 뭔가 움직임이나 소리가 있는 곳에서 공부를 하면 집중이 더 잘되며, 음악을 들으면서 공부를 하면 이상하게도 안심이 되는 것과 같은... 무의식적으로 안정을 이루는 자신만의 학습적 패턴이 자연스럽게 생겨나게 된다.

결국, A 기질의 아이는 이를 스스로 알고 무의식적으로 느끼기 때문에, 자신을 정말 잘 아는 아이일수록 그런 방식을 취하게 되는 것인데... 그 아이를 모르는, 어찌 보면 전혀 모르는데 '너보다 어른인 내가 더 잘 알아'라 자신하는 많은 어른들은
무슨 음악을 들으며 공부를 하느냐고, 공부하기 싫어서 핑계를 대는 것이라고 생각하게 되어 버린다.

그러나 더 중요한 사실은

자기를 채 알아가기도 전에, 나를 향한 어른들의 완벽할 만큼 확신에 찬 이야기들을 접하는 순간, 아이는 결국 '내가 그렇구나. 내가 이런 식으로 핑계를 대는 거구나.' 나에 대한 잘못된 자기 인식이 생겨날 확률이 매우 높아진다는 것이다.

엄마 말처럼 그렇게 '**말하지**' 말고, '**움직이지**' 말고
조용히 앉아서 해야 맞는 건데, 나는 왜 그게 잘 안되지?
이상하게 나는 그렇게 하면 할수록 너무 힘들어...
몸이 이상해지는 것 같고, 아무것도 할 수가 없어...

중요한 것은 지금 이 아이는 이제 나를 써내고 있을 뿐이고(말과 움직임을 통한 사고의 시작), 그렇게 나를 알아가는 뿌리 내림의 과정이 막 시작되었다는 것이다.
자연적인 흐름 말이다.

자연적인 것을 역행하는 것은 반드시 문제를 일으킨다.

결국 자연적인 기질의 흐름을 통해 나를 정확히 느끼고 알게 된 아이가, 나에게 맞는 조절의 수위, 수정, 보완의 방향을 찾을 수 있는 완성된 뇌를 갖는다는 사실을 잊지 말아야 한다.

스스로 내가 말이 많구나 라고 느껴지는 순간, 말을 정리하는 기술을 가장 자기에게 맞는 방식으로 찾아내고, 접목해보고, 생각해보고, 또다시 찾아가며 스스로의 발달 방향을 익히게 된다. 결국 사람은 시행착오가 필요하다. 충분한 경험이 필요하다. 이것이 인

간이 자기 자신을 알아가는 자연적인 발달의 흐름이다.[12)

그럼 이번에는 A 기질의 또 다른 원동력인 '움직임'에 대해 살펴
보자.

---

12) 이것을 위해 부모가 자신의 아이에게 '네가 다른 이들보다 말이 조금 더
많단다.' 라는 것을 알려주는 것도 분명 필요한 양육의 한 방향이다. 그
러나 이것이 부정의 어투가 되어서는 안 된다는 것을 말하는 것이다. 자
신의 기질을 사용하는 것이 문제가 되는 것은 아니기 때문이다. 단지 조
절하는 법을 아직 모를 뿐이다. 그것은 '잘못'이 아니다. 어떤 것도 경험
과 훈련의 쌓임 없이 얻어지는 것은 없다.
결국 '말이 많은 것으로 인해 엄마가 조금 힘들고 불편하다는 것'을 알려
주는 것은 틀린 방향이 아니다. 그래야 아이도 자신의 행동으로 인한 상
대의 감정을 느끼고 자신을 다시 돌아볼 수 있기 때문이다. 그러나 그것
을 아이에게 전하는 '엄마의 태도와 마음가짐'이 중요하다는 것을 다시
한 번 강조하고자 한다.

9

너를 위해 나는
여유를 갖는 연습을 해야 할 것 같아

그때서야 비로소
네가 아직 얼마나 작고 소중한지
보이기 시작하니까

137

너의 두 번째 이야기
::: 말하지 않고.
      움직이지 않고...
        그렇게 행복해질 수 있을까?

'움직임' 또한 사고 결합을 이끄는 기질적 에너지원이라는 것이 A 기질 아이들의 또 다른 특징이다. (어쩜 부모에게는 불편한 진실이 겠지만) 이 또한 나도 모르게, 무의식적으로 말이다.
그래서...
A 기질의 아이는 결코 가만히 있지 못한다.
심지어 내가 뭔가에 집중하길 원한다면, 뇌를 집중적으로 사용하고 싶다 느꼈다면, (믿고 싶지 않겠지만 ㅜ.ㅜ) 반드시 몸은 움직임을 택하게 되니 말이다.
여기서 중요한 것은 앞서 시냅스의 구조를 통해 설명했지만,
기질을 쓰는 만큼 뇌는 발달한다는 사실이다.

그러다보니 어디서든 뛴다. 몸을 쓴다. 움직인다.

계단 역시 마찬가지다. 조용히 걸어 내려가면 좋을 텐데,
꼭 2,3 계단 점프를 하여 내려 간다. 다른 아이들보다 움직임을
두 배로 쓴다. 그만큼 내 아이는
뭔가 움직임이 많다.
아니. 너무 많다...

간혹, A 기질의 아이가 엄마와 함께 어느 곳에 갔는데 그 공간 중
앙에 멋있는 큰 화분이 있었다면, 화분을 보자마자 엄마는 아이에
게 이렇게 말할 것이다.

"너, 저 화분 건드리지 마."

당연히 예쁜 목소리로 말하지 않는다. 왜냐하면 언제나 내 아이는
뭐든 만져서 떨어뜨리고 깨고 부서지고 뒤처리를 했던 것이 한두
번이 아니었기 때문이다. 그래서 엄마는 최대한 무서운 표정과 목
소리로 강하게 이렇게 얘기한다.

"너~! 저 화분 건~~! 드리지도 마."

그럼 아이는 분명 대답한다.

"어! 엄마. 절대 안 건드릴게~"

잠시 후, 신나게 놀던 아이는 화분 옆을 지나가다가, 화분을 손으
로 툭 쳐서 결국 화분이 쏟아져버렸다. 엄만 화가 난다.

"너 엄마가 만지지 말라 했지. 만지지 않기로 약속했어, 안 했어? 아휴, 너 정말 왜 그러니?"

그럼 아이는 울먹이면서 이렇게 말할 것이다.

"나 진짜 안 만지려고 했어, 엄마. ㅜ.ㅜ"

그럼 엄마는 이렇게 말한다. (이미 엄마는 화가 났다!)

"어디서 거짓말이야, 거짓말이 더 나쁜 거야!"

그런데 중요한 것은 이 모든 것이 무의식적으로 이루어졌다는 것이며, 이 아이는 결코 거짓말을 한 것이 아니라는 사실이다. 분명 나(아이)의 의식은 나에게 이렇게 말했다.

너 절대 저 화분 건드리지 마.
저거 건드리면.. 오늘 엄마한테 죽을지도 몰라~~

그런데 또 다른 무의식이 내게 이렇게 말한다.

건드려~ 건드려야지~ 거언~드으~려어~
나도 모르는 나 >>> 무의식 >>> 기질 >>> 그리고 움직임

이러한 흐름이 A 기질 아이의 기질적 흐름이며, 뇌를 발달시키는 뿌리의 흐름이다.
뇌는 쓸수록 발달한다 했던가.

그렇다면 기질은 모든 순간 나를 위해 열려 있고, 모든 순간을 활용하여 오직 나를 위해 움직여질 것이다. 특히 뿌리 내림의 폭발적 발달 시기인 유년기일수록 더욱 강하게...
이 시기는 구조 상, 의식이 무의식을 이기지 못한다.

엄마, 그리고 아빠.. 나는 지금
스스로 사고하는 뇌를 갖기 위한
출발점에 서 있어요.

뭐가 뭔지 잘 알지 못하는 만큼 두렵지만,
나는 이제부터 한 걸음 한 걸음 세상 가운데
이 길을 포기하지 않고 걸어가려 해요.

그런데 아직 나를 쓰는 법을 잘 모르겠어요.
그래서 마음이 아파요. 답답하고 속상해요.

아직 잘 몰라서 그래서 오는 넘어짐일 뿐인데...

이 넘어짐이
나의 모든 발달의 끝인 것처럼
그런 무서운 눈으로 보지 말아 주세요.

나는...
지금이 끝이 아니라
시작일 뿐인데...

A 기질의 아이가 처음으로 실내 놀이터라는 곳을 가게 되었다면, 어떤 행동을 보일까?

'이곳은 처음으로 온 실내 놀이터이다. 그러면 나의 뇌는 이곳에 대한 정보를 찾아야 여기서 무엇을 할지 어떻게 할지 생각하고 판단을 이룰 수 있을 것이다.'

그렇다. A 기질의 아이는 우선 '움직이고' 본다. 벗어 던진 신발은 이미 허공 사이를 날아다니고 있다.

이 녀석, 처음 온 곳에서도 적응을 참 잘 하네~
별로 두려움이 없네~

적응을 잘한다... 라...
누구든 그렇게 생각할 것이다. 이 아이의 모습이 그렇게 보이게 하니까.. 하지만 사실은 더 정확히 말하면, 아이가 뇌를 잘 움직이게 하기 위해, 즉 새로운 상황에 적응하기 위해 자신의 기질적 방향이 '움직임'이라는 형식을 통해 첫 문을 열고 있는 것이다.

결국 아직 적응이 된 것이 아니라, 적응하기 위해 뇌가 '움직임'이라는 동력을 통해 정보를 입수하는 과정이라는 것이다.

A 기질은 나를 더 안정적으로 이끌기 위해 더 많은 '움직임'을 택하게 만든다. 그렇지 않으면 오히려 나의 뇌가 불안정의 환경에 놓이기 때문이다.(사고의 멈춤)[13]

어? 새로운 곳이네?
그럼 당연히 머리가 잘 생각할 수 있게..
움직여야지~

내 아이의 뇌에서는 이런 지시 구조가 나의 두 다리와 손의 운동 신경세포를 향해 열심히 신호를 흘려보내게 된다.

자연적으로 나는 나를 아는 것이다.

---
13) 심지어 A 기질의 어른들의 경우, 자신도 못 느낄 만큼 자신이 순간순간 제스처를 많이 사용하고 있음을 잘 모르는 경우가 많다.

이러한 무의식과 의식의 사고의 결합이 외형적으로 드러났을 때, 그것을 본 누군가가 그 행동에 대해 자신이 느낀 관점으로 한 사람을 인식하게 되는 것을 '성격'이라 하는 것이며 그래서 성격의 어원이 페르소나(persona), 가면이다. 자기 자신의 모습이되, 다른 사람의 시각이 내포된 것.[14]

결국 A 기질은 중심 에너지인 '말'과 '움직임'의 흐름 덕분에 다른 이들에게 '활발하고, 말을 잘하고, 두려움이 없고, 도전적으로 보이고, 누구와도 피드백을 잘하고, 표정이 다양하고, 심지어 뭐든지 할 수 있어 (생각하고 하는 것이 아니라, 우선 말부터 하고 생각하니까.. 그래서 못 한다는 '생각'은 언제나 나중에 든다.) 라는 긍정적인 성격의 소유자로 보이게 된다.

14) 이것이 우리 연구소가 '성격'이 아니라, '기질'을 연구하는 이유이기도 하다. 남의 관점이 아닌 아이 자신의 진짜 흐름을 이해하기 위해서 우리는 성격이나 심리가 아닌 '기질'을 연구하였다.

이제 A 기질 아이의 행동성이 조금 이해가 되었을까?
더 자세한 것은 뒤에서 다시 얘기하기로 하고
지금까지 행동에너지가 중심 에너지인 A 기질에 대해 이야기했다
면, 이와는 완전히 반대적 성향을 가진 기질이 또 있다. 조용함을
간직한 아이들, 바로 T-에너지를 중심 에너지로 하는 T 기질이다.

조용함 속에 간직된

희망의 이야기

■ RDTA 중심 에너지 (A - 행동 에너지)

생각을 하고, 이에 대해 판단을 한 후, 행동으로 나타내는 것을 인간의 행동성, '태도'라고 한다. 행동 에너지(A)는 행동성 중에서도 외부적으로 드러나는 표현적인 태도를 주관하는 에너지를 말한다. 다시 말해, 행동 에너지를 중심 에너지로 사용하는 아동의 경우, 행동으로 나오는 표현적 부분에 모든 태도 반응의 중심을 두고 있음을 의미한다. 생각한 것을 '말'로 표현하는 것, 생각한 것을 '몸'으로 표현하는 것, 사물 또는 사람과의 관계에 있어서 '반응'을 보이는 것(피드백) 등과 같이 활동성을 중심으로 하는 에너지가 바로 행동 에너지이다.

1. 현재 중심적 사고 패턴

행동 에너지는 활동성, 즉 표현을 하는 것에 선호방향을 두고 있다 보니, 과거나 미래보다는 현재시점, 즉 '지금 이 순간'에 사고의 중심점이 맞춰져 있다. 그래서 장기 기억력보다는 순간적인 단기 기억력이 더 발달되는 경향을 보인다.

2. 좋고 나쁨 중심의 사고 관점

행동 에너지는 현재를 중심으로 한, 상황 중심의 도덕적 판단 기준을 갖고 있어, '옳고 그름'보다는 '좋고 나쁨' 중심의 사고 선호 경향을 갖고 있다는 것이 특징이다. 간혹 행동형 아동에 대해 변덕이 심하다는 생각이 드는 경우가 있다면, 이는 그때그때 상황에 따라 좋은 것과 나쁜 것을 사고하고 판단하여 아이의 행동성이 순간적으로 표출된 것으로 이해하여야 한다.

\# 10   오늘도 잠든 너의 볼에 입맞춤을 하며 묻는다

오늘 하루도 행복했니?

언젠가 세상이 힘겹게 느껴지는 날이 오더라도

오늘 이 순간이
훗날 너에게
행복을 찾아내는 길을 인도하여 주길...

또 다른 너의 이야기
::: 느리다는 거, 말이 없다는 거
   그건 잘못된 게 아니야

T 기질의 아이는 겉으로도 안으로도 A 기질과는 구조나 형태 모든 것이 매우 다르다.

가장 큰 차이는 '말'이나 '행동'과 같이 외부로 보이는 피드백을 통해 동력(에너지원)을 이끌어내는 A 기질과 달리, T 기질은 내부적 피드백 즉, 자신 안에 기록된 정보(기억)를 통해 사고라는 힘의 원동력을 얻는다는 점이다.

앞서 A 에너지의 흐름을 설명할 때 거의 대부분이 '행동'과 상당 부분 연결되어 있었다면, T 에너지의 흐름은 '기억의 조합'과 밀접하게 연결되어 있다는 것이 특징이다.15)

---

15) 이들의 기질적 특징인 [기억의 조합을 동력으로 한 사고적 방향성]이 우리가 흔히 말하는 '생각하다, 사고하다'의 형태와 매우 흡사한 구조를 띄

154

[운동기능]과 [감각기능]이 자극점의 활성화와 연결되어 있는 A 기질과는 달리, T 에너지는 [기억저장]과 연결된 기능이 자극점이 되어 사고 통합의 시작을 연다.

쉽게 기억저장 창고라 생각하면 되겠다.

T 기질은 말을 할 때도, 생각을 할 때도, 판단을 할 때도,
먼저 내 안에 있는 기억저장 창고의 사고 정보원들을 하나하나 꺼내고 나열하여(첫 번째 작업), 지시구조와 연결된 '개념'을 인식해 낸 다음(두 번째 작업), 이를 바탕으로 현재 내가 찾고자 하는 사고의 방향성을 조합하여 찾아내는 것(세 번째 작업). 이것이 T 기질이 가진 뇌 활성화의 방향성이자 순서이다.

나열, 조합, 나열, 조합, 결론

즉, 상대의 말이나 행동에 의한 정보들을 통해 사고를 이끄는

고 있어, Think 라는 단어의 T를 이니셜로 표기하고 이를 T-에너지, 사고에너지라고 부른다.

감각적 기능(이것은 A 기질의 기능)이 아닌,
내 안에 개념화되고 기록 되어져 있는 나의 정보들(예전에 있었던 경험이나 지식을 통해 확실하게 연결되어있는)인 '내 안에 정리(결합)된' 기록들의 길을 따라 사고를 하는 방식...

결국 외부로부터 들어오는 새 정보가 아닌 내 안에 구체화된 기존의 정보원들을 중심으로 사고를 이끄는 것이 T 기질의 기질적 흐름이자 안정화 방향이라는 것이다.

사고의 정보를 밖이 아닌, 안에서 찾는다?

그래서 이들은 안으로 에너지의 흐름을 모으기 위해, 에너지가 외부로 사용되는 '말', '움직임'을 최대한 줄임으로써 이들의 사고 흐름을 지켜내는 것과 같은 흐름을 갖는다.
그래야만 자신 안의 정보들을 더 명확하고 안정적으로, 다시 말해 더 정확하게 순서대로 잘 나열해낼 수 있기 때문이다.

또한 이러한 순서적인 나열이 이들의 사고의 문을 여는 열쇠가 되기 때문이다.

(엄밀히 말하면 일부러 말이나 행동을 자제하는 것이 아니라. 말이나 움직임이라는 '외부를 향한 피드백'은 사고가 결합을 끝낸 후에 사용을 하는 기질 흐름의 순서를 갖고 있을 뿐이다.)

나는 말을 안 할수록,
움직이지 않을수록,
생각을 더 잘할 수 있어요.
더 정확하게 할 수 있어요.
말과 행동은
생각이 끝나면 그 때 해요.

누군가가 T 기질의 아이에게 질문을 하면, 이러한 과정을 먼저 내 안에서 거치고 가장 마지막으로 대답이 외부로 나오게 되는 형식이다 보니, 언제나 대답이 느려 보이고, 바로 움직이지 않는 듯 보이게 된다.

어찌 보면 '천천히 생각해서 정확하게 행동'하는 개념이 나도 모르게 무의식적으로 이루어지는 것이다. 태어날 때부터 말이다. 나도 대답을 빨리하고 싶은데 그게 잘 안 되는 거다.

마치 계단을 오르듯이 한 계단, 한 계단

그게 답답해 보인다구?　　그럴 수도...

하지만 T의 사고 흐름을 가만히 살펴보면, 그들의 사고 흐름이 우리가 정의하는 '사고하다'라는 구조에 가장 완벽하게 맞는 형식임을 알 수 있다.

개념 인식 -> 정보 나열 -> 판단 -> 출력

대개 우리는 바로 액션16)을 취해주는 A 기질의 아이가 뭔가 움직이고 있고 말하고 있기 때문에 무언가를 행하고 있다고 판단해 버

---

16) 반응. 그것이 질문에 대한 정확한 대답이나 행동이 아닐지라도

린다. 사실 아직 A 기질의 아이들은 아직 머릿속으로 개념이 정리되지 않은 상태에서 외부적 방향성으로 인해 뭔가가 진행된 것임에도 말이다.

오히려 사고의 정확한 구조를 따르고 있는 T 기질은,
이 모든 과정이 내부에서 이루어지고 있다 보니 외부로는 한동안 거의 아무런 행동성이 보여 지지 않기에 T 기질 아이를 사람들은 답답하게 생각한다. '아무것도 안 한다. 하기 싫어서 일부러 안 하는 거다. 모르기 때문이다.' 라는 식으로 말이다. 바로 지금, 보여지는 것이 없기 때문에..

그러나 A 기질의 아이가 자기 기질의 무의식적 흐름을 많이 쓸수록(말을 많이 할수록), 뇌가 사고의 정보원들을 더 안정적으로 찾아내는 시스템을 가진 것처럼,
T 기질은 말이나 행동을 하지 않고 내부의 기억저장 창고에 더욱 집중할수록, 다시 말해 움직이지 않고 말을 안 할수록, 나의 뇌는 사고를 통해 정확한 판단을 이끌어내는 놀랍도록 완벽한 안정화 시스템을 가지고 있는 것과 같다.

순서
&
정리

조용하다구요?
일부러 조용해야지 생각하고 그렇게 행동하는 건 아니에요.

말이 없다구요?
의식하진 않았지만, 정확하지 않는 말은 잘하지 않기 때문이에요.

느리다구요?
생각의 조합과정이 '안에서' 진행되고 있기 때문이에요.

그래서 T 기질의 성격적 특징은 조금 느려 보이거나 조용해 보이지만 그만큼 실수가 적고 정확성이 강하다는 것을 알 수 있다. 결국 시간이 지날수록 신뢰감을 갖게 된다. (단, 안정적인 자기를 썼을 때)

물론 외부를 통해 뭔가를 '새롭게' 받아들여 내는 정보는 상대적으로 약하기 때문에, 그만큼 융통성이 없어 보일 수는 있다.

정확성

체계화

일관성

이런 이유로 T 기질은 언제나 정확한 것을 좋아할 수밖에 없다!

대화를 할 때도 정확하게 말하는 것이 듣기에도 편하고, 이해하기에도 편하다. 정확한 이유와 방향을 가지고 움직이는 것이 좋고, 그것이 역시 자연스럽다.
무엇보다 정확한 것이 기질적으로 나에게 안정을 준다.
편안함을 준다.

결국 이것이 편한 방향이며 선천적인 나의 기질이다.

아이가 답답하다구요?

느리다구요?

아니요.

이것은 A 기질은 절대 가질 수 없는 능력인걸요.

혈액형을 모두 뽑아내어

내 몸을 다른 혈액형으로 바꿀 수 있나요?

그럴 수 없어요.

T 가 갖는 흐름은 오직 T 의 것이고 T 를 위한 거예요.

가장 완벽하고, 가장 고귀한 그의 능력이에요.

T 기질 아이는 무의식적으로 정확성을 향한 뇌를 최선을 다하여, 열심히 발달시키려 한다. 유년기라는 자람의 시기에는 더욱 그렇다.

그래서 그 시기에는 유독 '엄마, 이거 맞아? 이거 맞아?'와 같은 말을 잘하고 늘 반복한다. 정확하게 인식하고 정확하게 결합하려고 하는 나의 자연적 흐름 때문이다.(반면 A 기질 아이는 한 번만 말해도 무조건 다 안다며 말을 길게 듣고 싶어 하지 않는다.)

그렇다면 T 기질의 아이들은 "너 어제 뭐 했니?"라는 질문을 받았을 때, 어떤 반응을 보이게 될까?

'너' '어제' '뭐 했니?'

이 아이의 뇌의 반응은 '어제' '내'가 '무엇을' 하였는가에 대한 정보를 찾아내기 위해 즉, 어제 내가 무엇을 했는지에 대한 시냅스를 결합해내기 위해, 먼저 '어제'라는 개념부터 점검하고 들어간다. 정말 의식하지 않았는데도 말이다.

나 어제 뭐 했지? 어제 내가 한 게 너무 많은데..
어디서부터 생각을 시작하지...

T 기질을 연구하면 할수록 정말 놀랍다는 생각을 하게 된다.
사고를 조합해내는 어찌 보면 정석과 같은 순서적 개념이, 심지어 전혀 훈련도 되지 않았는데, 누가 가르쳐준 것도 아닌데, 태어날 때부터 사용될 수 있도록 구성되어 있다는 것은 정말 놀랍도록 대단한 기질을 소유하고 있는 것이다.
그러나!!! 이 모든 과정이 내부에서 이루어진다는 것이 결국 문제 아닌 문제가 된다.

기억기능 ON - 운동기능 OFF

"너 어제 뭐 했어?"
"...."
'아, 왜 이렇게 대답이 느린 거야? 혹시 못 알아들었나?'
"너 어제 뭐 했냐고~"

T 기질은 느린 것이 아니라, 모르는 것이 아니라, 못 들은 것이 아니라, 지금 나에게 맞는 가장 완벽한 사고의 개념을 접근시키고 있는 중이라는 것을 우리는 알아야 한다. 이 아이는 결코 바보가 아니라는 것을 말이다.

지금 이 순간에도 아이는 뇌를 사용하고 있는 중이고 가장 완벽하게 자신만의 발달의 방식을 이끌어가고 있는 중임을 우리는 알아야 한다.

그런데 사실은 T 의 흐름을 안다면, 질문이 조금 잘못되었다.

우리는 지금 "너 '어제' 뭐 했어?"라고 질문을 던졌다.

어제는 24시간이다.

그렇다면 어제, 얼마나 많은 것들을 했겠는가.

그런데 그 중에 한 가지만을 찾아서 대답을 해야 하니 이 얼마나 T 기질의 구조에 있어 구체적이지 못하고 난감한 질문인가.17)

17) 물론 나이가 들어가며 경험의 축적이 쌓일수록 정리에 필요한 시간은 빨라질 것이고 대답 역시 빠르되 더욱 간단명료해 질 것이다.

하지만 생각을 해야 하니까, 짜증은 나지만 어제의 많은 일들을 하나씩 나열하는 작업을 진행할 것이다. ('빨리 대답해. 아님 말하지 마!' 라고만 하지 않는다면..)

그럼 우리는 충분한 시간을 주어야 하는 것이 맞다.

하지만 여기에 T 기질의 뇌를 잘 사용하여 심지어 사고를 빠르게 이끌게 하는 T 기질을 위한 질문 방식이 있다. 그것은 바로 '정확하고 구체적인' 질문이다.

T 기질의 구조[18]를 이해한다면, '너 어제 뭐했어?'라는 질문보다 '너 어제 점심 먹고 나서 선생님이랑 뭐했어?'라는 질문이 T 기질 아이의 사고적 훈련을 더 정확하고 더 빠르게 하는, 다시 말해 정확한 대답을 빨리 이끌게 하는 질문이라는 것이다.

여기서 놀라운 사실은 T 기질의 에너지 흐름을 연구한 결과, 결합이라는 사고 조합을 이끄는 T-에너지, 즉 사고에너지는 20초를 넘는 사람이 거의 없다는 것이다!

> 뭐? 20초도 안 걸린다구? 1분도 안 걸려?
> 그런데, 내 아이는 그것보다는 훨씬 더 느린 것 같은데...

아니, 그렇지 않다. 20초... 우리는 안타깝게도 1분도 채 되지 않는 20초도, 아니 7초조차도 기다리지 못한다.

----

18) 개념 인식, 나열, 조합, 이 모든 것의 필수조건 - 정확성

그리고는 계속 거듭된 질문, 답답하다는 표정, 짜증이 섞인 행동과 같은 반응을 통해 오히려 아이가 뇌를 정확하게 사용해내지 못하고 중도에 멈추게 만드는 일을 계속적으로 해왔다. 결국 아이는 '완성'이라는 자기의 사고점에 이르지도 못했기에 아예 대답조차 할 수 없는 경우가 발생되고 만다. 바로 우리로 인해 말이다. 지금 옆에 시계가 있다면, 20초 동안 말없이 있어보자.

은지야, 너 어제 뭐했어?

. (1초)

. (2초)

. (3초)

.

.

은지야, 엄마 말 못 들었어?

우리는 지금껏 이렇게 해 왔던 것이다.

7초가 이렇게 길게 느껴질 줄이야.

그렇다. 2, 3초를 기다리지 못한 채 우리는, T 기질의 사고 흐름을 무너뜨리거나 원점으로 돌리는 행동을 당연한 듯 해 왔다.

그동안 우리는 대답하지 않는 외형적 태도를 두고 내 아이를 '답답하다, 아무것도 모른다' 판단 내려버리거나, 또는 뇌를 쓰지 조차 못하게 막아버렸을 확률이 높다는 것이다.
'왜 못 해. 왜 대답이 없어.' 와 같은 짜증 섞인 반응으로 말이다.

166

"너 어제 뭐 했어?"

'어제? 어제 나 뭐 했지.'
정보 나열, 나열, 나열

"왜 대답을 안 해, 너 어제 뭐 했냐고~"

'아, 어제? 불안하다. 그래도 집중하자. 어제 나 뭐 했지.'
정보 나열, 나열, 조합

"너 엄마 말 듣고 있니?"

'아..... 나 정말 생각하고 싶은데...'

"넌 왜 사람이 말을 하면 대답을 안 하니? 답답하게.."

'T.T'

11   아이는 오히려 아이를 잘 이해한다

모든 것을 순수하게 바라보는

열린 눈을 가진 채 태어났기 때문일까?

나는

언제부터 세상을

좁은 문으로 보기 시작한 걸까

네가 전해주는 너의 이야기
::: 쌓임의 기다림
     그 기다림을 몸으로 익히는 아이들

T 기질을 이해시키기 위해, 질문에 대한 이야기가 너무 길었다.
이번에는 다른 이야기를 해 보도록 하자.
기억저장 창고에 있는 정보를 꺼내어 하나씩 하나씩 나열한다는
것은 저장된 내용, 내가 알고 있는 내용들을 활용한다는 것이다.
그렇다면 만약, 내 안에 저장된 내용이 없을 때,
내가 알고 있는 내용이 없을 때,
T 기질의 뇌는 어떤 반응을 보이게 될까?

작동되지 않는다.

            이건 또 무슨 말?

170

'정보가 없다'라는 것은 T 기질에게 있어 기질이라는 안정화 시스템이 원활히 사용되지 못한다는 것이고, 결국 나의 사고 시스템이 잘 돌아가지 못한다는 것을 뜻한다. 이는 곧 나에게 안정이 아니라 불안정의 흐름이 형성됨을 의미하는 것이다. 말 그대로 멘붕을 느끼게 되는 것이다.

그것은 다시 말하면,
나의 뇌가 마치 멈춰버린 것 같이 깜깜한 어둠 속에 있는 듯 한 불안이 느껴진다는 것을 뜻한다. (이것은 A 기질의 아이가 움직이지 못하고 말을 하지 못했을 때도 마찬가지이다.)
생각해보면, 인간은 불안하고 초조할 때 실수를 많이 하게 된다. 반대로 정신적으로나 심리적으로 안정적일 때, 우리는 예전에는 미처 생각하지 못한 것까지도 생각해내고, 이뤄냈던 경험을 분명해 봤을 것이다. 이것이 뇌의 안정화가 가져오는 능력이다.

심리안정이 가져다주는 것?
더 넓은 시각, 더 다양한 사고, 더 안정적인 판단.

그런데 지금 T 기질에게는 기질적으로 안정을 취할 근원적인 요소
가 사라진 것이다. 정보라는…
그래서 T 기질의 아이가 가장 힘들고 불안정하고 초조해지는 흐름
과 마주하는 것이 바로 아래의 3가지 경우이다.

새로운 곳에 갔을 때
새로운 사람을 만날 때
새로운 것을 배울 때

'새롭다'는 것은 나의 기억저장 창고에 쌓여진 정보가 아무것도 없
다는 것이고, 정보가 없다는 것은 나의 기질적 흐름이 작동될 시
작점이 없다는 것이며, 그것은 다시 말해 나의 뇌가 불안정의 흐
름 속에 놓이게 됨을 의미한다.

멈⋯⋯춤

상대에 대한 정보, 그곳에 대한 정보, 그것에 대한 정보.. 정보를 중심으로 하는 T 에게 있어 정보가 없음 '모름'은 최악의 불안요소인 것이다. (불이 꺼졌을 때 오는 불안과 공포, 두려움, 그것이 무엇인지 세상을 경험해본 당신이라면 분명 잘 알 것이다.)

결국 아이는 이러한 자신의 상황에서 벗어나기 위해 엄마에게, 아빠에게, 외부를 향해 최선을 다해 도와달라고 외치게 된다. 울음을 통해서 말이다.[19)]

지금 나의 불편이 뇌의 정보원이 없어서, 기질적 에너지가 돌아가지 않아서 불안해진 것이라는 사실을 아이는 당연히 해석하지 못한다. (아직은...)

불안하면 불안할수록 무엇 때문에 우는지 나의 뇌는 생각할 수도 없기에 말도 안 나온다. 그저 불안하고 두렵다.

그런데 이런 아이를 보며, 어른들은 자꾸만 울지 말고 말을 하라고 다그친다.

그 순간 아이가 느꼈을 감정

두려움

---

19) 인간의 가장 기본적이고 원초적인 자기표현은 울음이다. 갓난아기가 자신의 불편을 알리기 위해 취하는 가장 기본적인 행위를 보면 아마 쉽게 이해할 수 있을 것이다.

그렇다면 여기서 이런 의문이 생긴다.
T 기질의 어린 아이에게 세상은 어떻게 느껴질까?

모든 정보를 머릿속에 담고 태어난 사람은 없다. 시간이 지나며
하나씩 하나씩 경험과 배움을 통해 정보는 쌓여가고 담겨지는 것
이다.
그렇다면, 시간의 흐름을 통해 하나씩 하나씩 정보를 쌓아가는, 인
간의 자연적인 자람의 과정이, 시간들이
T 기질에게는 (정보가 쌓임을 갖게 되는) 일정 기간 동안 두려움과
공포와 초조와 불안의 공간일 수밖에 없다는 걸,
이 세상이 그 어떤 기질도 경험해본 적 없을 정도로 T 에게는 두
렵고 무섭고 힘들 수밖에 없다는 걸, 부모는 이해해야 한다. 아니
반드시 알아야만 한다.
단순히 어려서, 알지 못해서 오는 힘듦이 아니라는 것을...

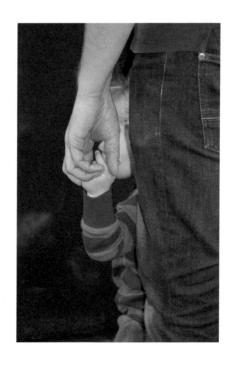

아니, 왜 유치원이 가기 싫어.

"…"

왜 울어. 다른 친구들은 다 잘 가잖아.
왜 가기 싫은지 말을 해 봐.

"…"

아, 정말 답답하다. 진짜.
왜 말도 안하고 울기만 해.

처음 유치원을 가는 T 기질의 아이에게 있어 '유치원'이란 나의
머릿속에 어떠한 정보도 없는 '새로운 곳'이다.

이는 단순히 처음이라서가 아니라, 이 공간이 내 안에 정보가 전
혀 없는 즉 T 기질의 뇌가 작동되기 힘든 불안정의 공간이라는 것
이다. 엄밀히 말하면 T에게 있어서 이곳은 뇌가 어디에서도 안정
을 취할 수 없는 최고의 불안이 느껴지는 것이다.

그래서 아이는 정말 죽을 것처럼 운다. 뇌가 멈춰버린 것 같다. 정
말 숨을 쉴 수 없을 것만 같이...

그러니 죽을 것 같이 울 수밖에...

그러나 걱정하지 않아도 된다. 이 아이는 언제까지나 불안해하지
는 않는다!

유치원에 하루를 다녀오고,
다음날에도 유치원을 다녀오고,
또 하루를 다녀오고,
또 하루를 다녀오면,

다녀온 시간만큼 나의 기억저장 창고에는
유치원이라는 공간에 대한 정보가 천천히 천천히 쌓이게 되기 때
문이다. 정보의 쌓임...

유치원에 가면 어제 봤던 선생님이 계시고.

친구들이 있고.

어제 봤던 신발장은 저기에 있고

(그럼 신발은 여기에 두면 되고)

여기가 내 사물함의 자리이고.

(그럼 가방은 여기에 넣으면 되고)

화장실은 여기에 있고.

조금 있으면 밥 먹는 시간이 되고,

밥을 먹을 때는 순서대로 식판을 가지고 선생님께 가면 되고.

돌아와 여기 내 자리에서 먹으면 되고,

조금 더 있으면 유치원 버스를 타고.

그러면 사랑하는 엄마가 환한 미소로 나를 기다리고 있어.

이 많은 정보들이 하나씩, 하루만큼 쌓여간다.

그렇게 정보가 쌓인 만큼 나는... 뇌가 안정적으로 사용할 수 있게

되고 사고 흐름을 아주 편안하게, 아주 정확하게, 아주 자연스럽게, 잘 쓸 수 있게 되며
더 이상 유치원이라는 공간은 나를 불안하게 하거나 초조하게 만드는 공간이 아니게 된다.
심지어 아는 것이 많아질수록 나는 그곳이 즐거워지고 편안해지기 시작한다. (T 기질의 엄청난 능력, 패턴의 반복)
유치원을 처음 가던 5살 때는 힘들었는데, 졸업하는 7살 때는 세상 가장 편한 공간이 되어 있다.
그만큼 내 안에 그 '곳'에 대한 정보가 많이 쌓였다는 것이다. 그곳은 이제 나의 뇌를 가장 잘 써낼 수 있는 어마어마하게 방대한 정보의 공간이 되어 버린 것이다.

T 기질 아이를 자녀로 둔 부모님들은 유치원 선생님으로부터, 또는 주변인들로부터 이런 말을 종종 듣곤 한다.

"00는 언제 봐도 참 착해요. 조용하고 얌전하고.. 하라는 대로 말도 참 잘 듣고 얼마나 예쁜지 몰라요."

그럼 부모님들은 대개 이렇게 말하곤 한다.

"에이~ 우리 아일 몰라서 그래요. 집에선 얼마나 말도 많고 시끄러운데요. 말도 잘 안 듣고, 엄마가 하라 하면 잘하지도 않아요."

이는 T 기질에게 있어 매우 당연한 흐름이다.
유치원에 관한 정보가 없을수록, T 기질의 아이는 정보가 쌓일 때까지 뭔가 외부적인 행동을 취하기에 매우 긴장된 흐름을 가질 수

밖에 없다. 그러니 움직임은 더 적어지고, 말은 더 안 하게 되고..
얌전하고 조용하고...

게다가 정보가 전혀 없는 유치원에서는 선생님이 가르쳐주는 것이
현재 유일한 정보가 된다. 그래서 선생님께서 알려준 그 정보를,
알려준 그 방식대로 사용하는 것이 현재 나에게 있어 가장 안정적
인 흐름이 된다. (단지 선생님이 준 그 정보가 내 안에 쌓여 행동으
로 옮기기까지가 조금 느리긴 하지만.. T 에게 빠름은 기질의 작동
순서상 쉬운 일이 아니다.)

하지만 이와 달리 집은 어떨까?

집은 나에게 5년, 7년이라는 긴 시간 동안 쌓여온 '정보'가 있는
나의 공간이다. 여기가 어디고, 여기서 나는 무엇을 했고.... 엄청
나게 많은 사고의 정보원이 내 머릿속에 있다. 게다가 엄마는 매
일 눈뜨면 내가 만나는, 나에게 있어 가장 많은 정보를 내포한 대
상이다. 정보가 많은 공간, 정보가 많은 대상, 안정의 공간

그만큼 '집'이란 공간 안에서, '엄마'라는 대상을 향해
나는 아주 편안하고 아주 자연스럽게 나의 많은 정보들을 나열해
내고, 아주 쉽게 나만의 사고점을 도출하며 생각하고 행동을 이끌
수 있게 된다.

그러니 말?
당연히 많이 할 수 있고 또 잘 할 수 있다.
움직임?
나의 뇌를 긴장시키지 않고 사용할 수 있으니, 더욱 쉽게 잘 나올
수밖에..

가만히 보면 T 기질은 엄마 앞에서는 말도 정확하게 똑 부러지게 잘한다. 하지만 모르는 사람 앞에서는 '상대'에 대한 개념화된 정보가 없는 만큼 잘 안 써내고 잘 안 써질 뿐이다. 그것이 내향적인 아이로 비춰 보이게 하는 것이다.

그러나 친한 사람들, 잘 아는 사람들과 있을 때의 T 기질을 보라. (그 때의 그들은 깜짝 놀랄 만큼 매우 쾌활하고 밝은. 심지어 외향적 성향으로 비춰 보일 정도이다…)

이제 T 기질의 아이가 무언가를 해내기 위해서, 쌓임을 위해서, '엄마, 이거 맞아? 이거 맞아?' 라는 수없이 반복되는 질문과 행동을 하고 있다는 사실을 꼭 기억해 줬으면 좋겠다.

똑똑하고, 안정적인 자신의 뇌를 형성하기 위해, 정확하게 이해될 때까지 묻는 것이다. 이들은 앎이 생겨야 편안한 것이다. (그래서 갑작스럽게 뭔가 하는 것을 싫어한다.)

181

결국 나의 소중한 T 기질의 아이를 도와주는 가장 좋은 방법은
'정확한' 정보를 제공해 주는 것이다.
아이가 완전히 알 때까지..[20)

나의 조급함이 나의 아이를
불안 속에 홀로 두게 하지 않기를..

T의 에너지원의 흐름은 내 안에 쌓여있는 개념화된 정보의 결합,
정확성에 있다는 것을 이제는 이해해주길 바란다.
그러면 내 아이가 지금까지 해 온 수많은 부분들이 이해되기 시작
할 것이다.

20) 상담을 하면, T 기질의 자녀를 둔 부모님들께서 '그럼 언제까지 대답해
   줘야 하나요?'라는 질문을 많이들 하신다. 그럼 나는 이렇게 대답해 준
   다. '아이가 더 이상 묻지 않을 때까지요.' 완전히 정보가 인식되어 저장
   되면 아이는 더 이상 묻지 않는다. 이러한 완벽한 저장 회로의 뇌를 가지
   고 있기 때문에, T 기질의 뇌를 '학습의 뇌, 수재의 뇌'라고도 한다. 인식
   개념의 완벽한 구조를 알고 있는 특별한 뇌이기 때문이다. 그리고 이러한
   뇌를 쓸 수 있도록, 아이의 기질적 흐름을 온전히 바라봐 달라고 부탁드
   린다.

■ RDTA 중심 에너지(T - 사고 에너지)

사고 에너지(T)는 아동의 행동성을 주관하는 모든 태도 방향이 내부적으로 활용되는 '인식-판단'을 중심으로 이루어진 에너지를 말한다. 쉽게 말하면, 아동이 행동을 할 때, 생각하고 인식하고 판단을 내리는 '사고 기능'이 모든 행동성의 중심이 되는 것이다. 표현하는 것에 중심을 두는 '행동 에너지(A)와는 반대적인 에너지이다. 행동을 취하기 전에, 언제나 생각을 먼저 하게 되고, 그에 대한 정보의 조합 및 인식을 토대로 판단이 섰을 때 움직이게 되는 에너지로, 상대적으로 표현적인 부분(말 또는 행동)이 적게 표출되는 에너지이기도 하다.

1. 과거 중심적 사고 패턴

사고 에너지는 개념인식을 이루는 사고 기능에 에너지 흐름의 중심점이 형성되어 있다 보니, 습득된 정보를 조합하여 인식하고 판단을 이루는 사고 기능의 특성상 기억의 조합이라는 과거 중심적 사고 패턴을 이루게 된다. 또한 정보에 대한 기억의 조합을 이루는 과정에서 소요되는 '시간'이라는 요소는 원활하고 안정적인 사고 에너지 흐름에 반드시 필요한 요소가 된다.

2. 옳고 그름 중심의 사고 관점

사고 에너지의 가장 큰 특징은 정확성을 중심으로 한 원리(개념) 중심적 사고 관점이다. 그렇기 때문에 본인이 알고 있는 지식 정보의 개념을 중심으로 사고를 하며, 이러한 사고 선호 경향은 아동의 행동을 매우 일관되고 논리적이며 이성적으로 표현하게 한다. 그래서 사고 에너지를 사용하는 아동은 상황에 따라 '좋은 것과 나쁜 것'을 기준으로 생각하기보다, 언제나 내가 배운 지식을 바탕으로 '옳은 것과 옳지 않은 것' 중심의 정확성에 판단의 기준을 맞추다 보니, 다소 융통성이 없는 것 같이 보이기도 함을 이해하여야 한다.

12   세상은 바다와 같단다

잔잔할 때도 있지만,

때론 파도가 거세게 휘몰아칠 때도 있지

하지만 그럼에도 세상은
충분히 도전해볼 만한
아름다운 곳이란 걸
네가 알았으면 좋겠어

::: 엉뚱함이 갖는 비밀

이제 마지막 3번째, E 기질의 이야기이다.

E 기질을 이끄는 주기능 에너지는 앞서 이야기 나눈 A 그리고 T
기질과는 아주 다른 특징을 갖고 있다.
A 기질과 T 기질은 외형적으로도 각 기질 안에서의 뚜렷한 공통
성을 가지고 있었고, 그만큼 우리 주변에서도 쉽게 찾을 수 있는
아이들이기도 하였다. 그래서 글을 읽어 내려가면서 이해하기도

어렵지 않았을 것이고, 우리 역시 연구를 하며 이 두 기질의 흐름을 찾아내는 과정이 그리 어렵지는 않았다.

(실제로 이 두 기질은 우리가 무수히 많이 접하여 알고 있는 융의 '외향형, 내향형'과도 흡사 하여, 성격에 관한 기본적 지식이 이들에 대한 이해에 있어서도 많은 도움이 되었을 것이다.)

그러나 E 기질 에너지는 로즈힐 연구소에서 진행된 연구에 있어서도 가장 마지막에 정의 내려진 기질이기도 하지만, 일반적인 범주로 해석되는 그러한 기질성이 아니기 때문에, 지금부터 설명하는 내용도 조금 어렵게 느껴질 수 있을 것 같다.

이들은 뭐랄까.. 광활한 바다 같기도 하고, 끝없이 이어지는 우주 같기도 한 그런 느낌을 주는 아이들이다.

실제로도 몇몇에게서만 나타나는 매우 특별한 이 기질의 중심 에너지원을 E-에너지라고 한다.

(이는 잠시 후 설명하겠지만) 이들은 감정, 교류, 소통, 공감, 관계에 있어 일반적이지 않은 조금은 남다른 흐름을 가지고 있기 때문에, 이 모든 것의 연결점인 Emotion 이라는 단어를 사용하여 감성 에너지라 명명하게 되었다. 그 중 '교류'와 관련된 특별성 또한 큰 비중을 두고 있어 교류 에너지라 부르기도 한다.

자. 그럼 들어가 볼까..

E-에너지를 움직여내기 위해 기질 흐름의 시작점에 자극을 주는 원동력은... 없! 다!

혈~ 이건 또 무슨 말이야?

A-에너지는 '말'과 '움직임', T-에너지는 '정보, 개념인식'
그러나 E-에너지는 이러한 일관된 자극점이 없다. 바다, 우주의
그것과 같이 끝이 없는, 틀이나 기준점이 없다는 말이다.
예측할 수 없는 어떤 지점에서 에너지원이 발생되며,
또한 예측할 수 없는 시점에 동력을 받아 사고의 시작점을 이룬다
는 것이 바로 E 기질의 특징이다.

아무래도 이해가 조금 어려울 듯하여, 연구의 과정을 조금 설명한
다면 E 기질은 A 기질과 T 기질의 데이터를 비교 분석하는 과정
중에 처음 발견되었다.
기질의 개별성을 인식한 후 A 기질과 T 기질의 행동성에 따른 패
턴의 흐름을 연구하던 중, A 기질 그룹과 T 기질 그룹 내에서 A
와 흡사하지만 그 와는 조금 미묘하게 다른, 또한 T 와 비슷하지
만 그 와는 역시 조금 다른 아이들을 발견하게 되었다.
이들은 기존의 데이터를 통해서는 어떤 접근에서도, 앞선 두 기질

에서 나타나는 것만큼 보편적이고 일관적인 그림의 패턴, 행동성의 특징, 사고의 흐름이 적용되지가 않았다.

왜 어떠한 보편성도 보이지 않는 거지?
기질은 일관된 자신만의 흐름인데..
왜 그 일관성이 적용되지 않지?

우리가 가지고 있는 지식과 데이터로는 도저히 이들의 행동성과 패턴의 흐름을 찾을 수가 없었다.
오히려 기존의 기준으로 접근하면 할수록, 이 아이들은 뭔가 기질이 제대로 발달 되지 않은 이상한 아이가 될 뿐이었다.
그래서 우리는 다른 관점에서 이들을 바라보기로 하였다. 이 그룹의 아이들만의 데이터를 모아 그들 간의 공통성과 차이성, 그리고 이들만의 다른 특징을 만드는 사고의 시작점을 다시 새롭게 찾아 들어가기 시작하였다.
그리고 꽤 오랜 시간이 흐른 뒤에 우리는 그 흐름을 간단하게나마 정의내릴 수 있었다. 왜 바다 같았는지, 왜 우주 같이 느껴졌는지 말이다.

조금 뜬금없게 들릴 순 있지만, 이들을 설명하기 위해 나는 '창'이란 것의 의미를 조금 거론해야 할 것 같다.
'다각적인' 사고를 통해 '새로운' 정보를 이끌어내는 기술을 '창의'라고 말한다. 이것은 종합적 사고 기능을 통해 이루어지는 것으로, 이것의 한자의 원리를 보면 그 의미를 정확히 해석해낼 수 있다.

'창'이란 뜻을 가진 한자인 '만들 창(創)'은

191

무엇인가를 쌓아 보관하는 공간인 '곳간 창(倉)'에
물건을 자르거나 부수는 - 다소 과격하게 표현한다면 - 완전히 사
라지게 만드는 '칼 도(刀)'의 결합으로 이루어져 있다.
즉 창의란 '기존에 쌓여있던' '기존에 존재했던' 무언가를,
다시 말해 '알고 있는' 내용들을 모두 부서뜨려 없애고, 그 위에
다시 새로운 뭔가를 만들어내는 것, 결국 '기존에 없는 무언가가
새롭게 만들어지는 것'을 뜻하는 것이다.

완전하게 새롭게 생성된 '생각(아이디어)'을 만들어내는 것을 '창
의'라고 한다면, 이러한 아이디어를 바탕으로 세상에 단 하나밖에
없는 '형상(형체)'을 만들어내는 것을 '창조'라 한다.

뭔가를 있는 그대로 보는 것이 아니라, 기존의 틀을 완전히 다시
분해하여, '무(無)'라는 틀 안에서 새로운 개념들의 조합으로 세상
어디에도 없는 새로운 무언가를 만들어내는 것.
그러다 보니 이러한 창조, 창의를 이끄는 사고는 정해진 기준이

없고 틀이 없으며, '새롭게' 새 기준을 만들고 '새롭게' 새 틀을 만들어낸다. 끝이 없을 뿐 아니라(우주) 무한대의 가능성(바다)을 이루는 것이다.

기준과 틀이 없기에
어떤 각도에서도 바라봐 질 수 있고..
어떠한 것과도 새롭게 연결될 수 있는..
다각적인 사고 그리고 종합적인 판단...

놀랍게도 이것이 E 기질 에너지의 발생 지점이다.
E 기질 아이들 각자가 형성해낸 사고의 생성 원리와
그 안에서 균형을 이루는 안정적 에너지원이 각자가 다른,
자신만의 세계가 자신의 내부 안에서 각자 다른 형태로 존재하니,
그만큼 독특할 수밖에 없다. 이들의 사고는...

나의 세상

나의 세계

나의 우주

물론, 어떠한 인간도 같지가 않다. 모두가 각자의 끝없는 우주적 뇌를 통해 각자의 시각 지점을 열고, 각자의 사고를 움직이며, 그 안에서 세상을 보고 느끼고 깨달으며 살아간다.
소우주...

단지 우리 연구소는, 그 흐름의 보편성으로 A 기질의 에너지도, T 기질의 에너지도 그리고 E 기질의 에너지도 이해의 문을 찾고자 연구하고 노력할 뿐이다.

확실한 것은 기질의 흐름은 그 어떤 것도 대단하지 않은 것이 없고, 완벽하지 않은 것이 없다는 것이다. 자신을 살아 숨 쉬게 하는 자신을 향한 최고로 완전한 틀이 바로 기질이니까.. 단지 우리가 아직 그 깊이와 완벽함을 다 밝혀내지 못 했을 뿐...

내 안에 있는
무한한
능력

E 기질을 좀 더 이해하기 위해 사고를 이끄는 문과 교점에 대해 다뤄보자.

사고는 정보의 조합으로 이끌어진다.

그런데 그 정보를 '감각적으로 느껴지는 내용을 중심으로 접근시켜 가는가' 아니면 '기억되어 있는 개념적 내용들이 중심을 이루어 구성 되는가'에 따라 각자의 생각은 매우 크게 달라진다. 비슷한 흐름을 갖는다 해도, 미묘하게 조금씩 다른 정보들이 조합을 이루며 사고를 결합해내는 것이다.

이러한 정보들은 '어떠한 자극'을 동반하여 '어떠한 내용들'로 연결고리를 갖느냐에 따라 다른 길, 다른 세상을 이루게 된다.

즉, 사고를 찾아 들어가는 문이 각자 다른 것이다.

앞서 말한 것처럼 E 기질은 이러한 사고의 자극점에 있어 A, T 기질과 같은 하나의 일관된 문은 없다. 그러나!

다양하고 복잡하며 서로 다른 형태로 결합되어 있던 내 안의 정보
들을 분해하여, 정확히 하나의 새로운 형태로 재결합시키기에 충
분한 '교점'이라는 자극점이 번쩍거리는 순간,
새로운 사고의 문 하나가 '새롭게' 형성되어져 버리는 것이다.

기존에 결합되어 있던 모든 틀을 깨부수어 새로운 세상을 열기에
충분한 '폭발적인 에너지원'이 발생되는 것이다.

잔잔하게 흐르고 있던 나를 요동치게 만들 강렬한 교점이 나의 사
고의 문을 열리게 한다는 것이다.

다시 말해 E 기질의 아이는, 우리가 일반적으로 생각하는 것과는
매우 다른 남다른 사고의 연결고리를 가지고 있다.
그 연결고리는 교점으로 인한 자신의 사고의 문이 열렸을 때, 폭
발성을 이루듯 '새로운 시각 지점', '새로운 정보', '새로운 조합'을

이끌며 자신만의 사고를 완성하게 되고, 그로 인해 그의 사고는 우리에게 굉장히 새롭고 독특하고 신기하며 또 엉뚱하게 느껴지게 된다.[21)

이러한 기질적 특성으로 인해 이들은 자극점의 문이 형성되지 않으면, 눈으로 봐도 나의 뇌는 인식하지 않고, 귀를 열어도 나의 뇌는 그것을 듣지 못한다.
눈앞에 있는데 보지 못하고 소리가 들리는데 듣지 못한다?
(A와 T기질도 간혹 이와 같은 현상을 경험한다. 멍 때릴 때? 다른 어떤 것에 집중했을 때? 그만큼 일상적으로 이뤄지는 현상은 아니다. 그런데 E 기질은 그 빈도수가 많다. 일상적으로 이루어진다.)

게다가 때론 말이 많고 행동이 빠른 것 같다가도(A 기질의 그것과 같이), 때론 매우 느리고 전혀 말이 없는 것 같기도(T 기질의 그것과 같은) 한 것 또한 교점의 발생 유무가 원인이 된다.

교점이 발생 되었는가, 그렇지 않은가.

웬만하면 눈을 뜨고 있으니 뭔가가 보일 것이고,
귀가 열려 있으니 뭔가가 들릴 것인데..
어떻게 안 보이고 안 들릴 수 있지?

---

21) 발생 지점, 교점의 생성이 언제, 어떤 것을 자극으로 열릴지 모르며 또한 자신 안에 있는 수많은 다량의 정보들을 폭발성을 띄듯 다각적인 조합을 통해 결합하여 완성을 이루다보니, 그런 갑작스러운 표현이 놀라움을 줄 뿐 아니라, 간혹 너무 갑작스럽고 일반적이지 않아 '사고가 독특하다' 또는 '감정기복이 매우 크다'와 같이 비춰 보일 수 있다는 것이 이들의 공통된 특징이기도 하다. 감성, 관계, 교점, 교류에 있어 남다른 깊이를 갖는 것도 E-에너지의 공통점이다.

앞서 말하지 않았는가.

우리도 가끔 이와 같은 것을 분명 경험하여, 알고 있다고..

누군가가 얘기했는데, 나는 분명 들리지 않았다. 앞에서 누가 왔다
갔다 했는데, 나는 분명 보지 못했다. 자주는 아니지만 그래도 간
혹 발생되는 경험들..

우리도 그 느낌을 분명 알고 있다.[22]

그러나 이것이 '간혹'이 아닌, 자신만의 자연적으로 형성된 기질적
흐름이라는 것이 우리와 다를 뿐이다.

이것이 E 기질의 수많은 아이들이 갖는 공통성이었고,

수많은 데이터가 이 아이들을 증거 해 주고 있다.

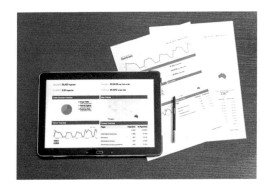

---

22) 우리 연구소는 한 해 단위로 약 10,000 개 이상의 데이터를 표집, 연구
하였다. 그 자료들의 통계에 의하면 A와 T기질이 전체의 약 84%에 속하
고 16% 가량이 E 기질에 속했다. 이 책을 읽고 있는 당신은 A기질 또는
T기질일 확률이 높다는 것이다. E 기질이 이해가 안 될 확률도 그만큼
높다.

가끔 내 아이가
나를 무시하는 것 같은 기분이 들어요.
내 말을 안 들을 뿐 아니라, 아예 내 말이
존재조차 하지 않는 것처럼 사라지게 만들어 버리거든요.

그런데 또 어쩔 때는 내 아이가
굉장히 대단한 아이같이 느껴져요.

안 듣는 것 같고, 안 보는 것 같았는데,
모든 걸 다 알고 있고 또 가끔은 누구도 생각하지 못한
대단한 뭔가를 해 내 버리거든요.

나는 내 아이를 어떻게 이해해야 하죠?
이 아이를 어떻게 이해해야 하죠?

상담을 해 보면 E 기질 아이의 부모님의 경우, 특별함을 알고는
있지만 이것이 좋은 것 같기도 하고 아닌 것 같기도 하고 혼란스
러워 하는 경우가 많다. 그래서 묻는다. 어떻게 아이를 바라봐야
하고 어떻게 이해하면 좋겠느냐고..

그럼 나는 너무 뻔한 답변처럼 들릴 걸 알면서도, 이것이 정확한
답이기에, 어쩔 수 없이 먼저 이렇게 답변 드린다.
'내 아이가 얼마나 대단한지를 있는 그대로 봐 달라고... 그리고

내 이야기를 다 들은 후, 당신의 기준이 아닌, 그 아이 기준으로, 정확히 다시 바라봐 주시길' 부탁드린다.

그런 다음, 내가 E 기질의 아이들과 그들의 사랑하는 부모를 위해 할 수 있는 일은 E 기질 아이들이 갖는 에너지의 특성, E 기질 아이들의 공통적 행동성에 관한 연구 자료와 데이터를 보여주며, 최대한 아이를 이해시키는 것뿐이다.

엄마인 당신은 '당신의' 세상을 이룰 '당신만의' 기준이 있다. 즉 '당신만의' 기질이 있다. 그것이 당신을 움직이게 하고 발전하게 하며 살아갈 수 있게 지탱해 준다.

하지만 E 기질의 아이는 꼭 당신처럼,
그 아이만의 기준으로, 그 아이의 세상을 이루며,
하루하루 자기를 움직이고 느끼고 생각하고 그렇게 자라나며,
이 세상을 살아가기 위한 열심을 다하고 있다.
아니......

당신보다 더 잘 해내고 있다.
아이는 아직 그 누구에게도 발자욱이 밟히지 않은 자신의 삶에
자신 본연의 모습(기질) 그대로 이제 막 첫 발을 내딛었으니까..

생각해보면, 어쩜 우리는 우리의 모습대로 살지 못했을지도 모른
다. 어떤 시간대에는 나를 이해해주는 누군가를 만나, 나를 온전히
사용할 수 있는 '행복한' 발달의 순간들이 있었을 것이고,
또 어떤 시간대에는 나를 전혀 이해하지 못하는, 자신이 지닌 기
질을 기준으로 나를 이해조차 하지 않는 누군가를 만나 '고통스럽
고 외로운' 자람의 순간들이 나의 삶의 시간 속에 녹여져 있을지
도 모르기 때문이다.
그렇게 우리는 지금 이 순간까지 자랐고, 살아왔을지 모른다.
(이미 지난 시간들이기에 누구를 탓할 것도, 누구를 탓할 이유도 없
다. 사실은 그들 역시 몰랐으니까..)

하지만 내 아이는 그렇지 않다.
내 아이의 시작은 지금부터이다.
그리고 삶의 시작을 여는 그의 곁에는, 엄마인 내가 있다.
내 아이를 이해하려고 지금도 노력하는
엄마라는, 아빠라는 울타리가 여기 세워져 있으니 말이다.
모소 대나무의 그 농부와 같은..

너를 안아주는 것이 나인지

나를 안아주는 것이 너인지

특별함의 의미
::: 세상 모든 기질은 축복임을..

만약 E 기질의 아이에게 '너 어제 뭐 했니?'라고 묻는다면?

그렇다면 답은 2가지이다.

하나의 답은 '대답하지 않는다.'이다.
조금 예상했겠지만, T 기질처럼 조금만 시간을 갖고 기다리면 나오는, 그런 형태의 대답은 애초에 형성되지 않을 것이다.
또 다른 하나는
분명 A 기질과 같이 빠른 속도의 피드백 반응인데,
"나 뭐 했지? 뭐 했더라? 어제 어디 많이 갔는데"와 같은 A 기질의 그것이 아닌,
어디에서도 들어보지 못한 엄청난 대답을 듣게 될 것이다.
예를 들어

"선생님, 돌고래가 애기를 낳았어요. 그래서 엄마 돌고래랑 아빠 돌고래랑 아기 돌고래가 소풍을 갔어요."

와 같은...
질문은 분명 '너 어제 뭐 했니?'였는데..

만약, 어제 무엇을 했느냐에 대한 질문을 누군가 했지만, 그것이 아이에게 교점을 일으키지 않았다면,
아이는 이 질문이 머릿속에 인식되지 않았다는 것이다. 그럼 아무 일이 없었던 듯 자기의 하던 것을 계속 하게 될 것이다. 결코 무시하는 것이 아니다.

그러나 이 질문이 아이에게 교점을 발생시켰다면, 아이는 질문에 의해 활발한 사고가 시작될 것이다. 이때 사고의 문을 열게 만든 교점의 시작점이 있었을 것이다. 그리고 E 기질의 사고는 바로,

그 지점에서 시작된다. 만약 '어제' 아빠와 수족관을 갔는데, 그 수족관에 물고기가 많았고, 그 물고기들 중에 가장 나를 완벽하게! 나의 모든 감각기관을 통틀어 번쩍이게 만든 교점을 '돌고래'가 발생시켰다면.. 그리고 그 돌고래가 '암컷'이었다면.. E 기질의 아이는 바로 그 지점이 교점의 발생지점, 사고가 열리는 문이 된다. 그리고 그 문을 열고 들어가 많은 연결고리들을 따라 사고의 결합을 일으켜낼 것이다.

다시 말해 나의 뇌가 나의 기억저장 창고에 저장된 돌고래에 관한 지식 개념과, 나의 현 시점의 감각기관이 담아낼 정보와, 과거부터 흘러오는 감정이 담긴 어느 한 지점의 또 다른 정보 등이 만나, 새로운, 기존의 연결고리가 아닌, 최초의 연결고리들의 길을 만들어내며 (누가 막지 않는다면)
이것은 엄청난 반경으로 새로운 사고에 사고를 결합시켜내기에 이르는 원동력이자 힘이 될 것이다. 바로 이와 같이 말이다.

'어제 나는 아빠와 수족관을 갔다.
 그곳에서 돌고래를 보았다. 그 돌고래는 암컷이었다.
 그리고 그 돌고래는 뱃속에 아기가 있다는 이야기를 들었다.
 돌고래는 포유류 과에 속하는 동물이다. 그러므로 알을
 낳는 것이 아니라, 새끼를 그대로 낳을 것이다.

 오늘 아침, 엄마가 이번 주말에 소풍을 가자는 말씀을
 하셨다. 나는 엄마와 소풍을 갈 것이다.
 예전에 아빠와 함께 갔던 소풍이 기억난다.
 얼마나 즐거웠는지가 떠오른다.'

'너 어제 뭐 했니?'

E 기질의 특별함은 알면 알수록 역시 참 놀랍다.

창의라는 것이 그렇듯이, 다각적으로 사고를 끌어당기는 힘은 정보의 폭발성이라는 연쇄 반응의 에너지성을 갖는다. 그렇기에 과거의 정보, 현재의 정보, 미래의 정보를 한꺼번에 오가며 완전히 새로운 구성의 정보를 결합시켜낼 수 있다.

'어제' 본 암컷의 돌고래를 '오늘'이라는 질문의 시간대를 통해, 앞으로 올 '미래'의 어느 시간대 속으로 사고를 옮겨낼 수 있다. 그렇게 누구도 알 수 없는 나의 또 다른 감정의 어느 흐름과 시간대 속에서 사고를 멈추게 할 수 있다.

내가 알고 있는 기억저장창고 속 돌고래에 관한 정보지식까지 소스를 더하여, 그렇게 나의 뇌는 돌고래 가족의 행복함이 담긴 미래를 마치 현실 속으로 끌어내듯, 이미지를 형상화해 만들어내니 말이다. 이 모든 것이 순식간에 E 기질의 뇌에서 이루어진다.

"있잖아요.
아기 돌고래가 엄마 돌고래랑 아빠 돌고래랑 소풍을 갔어요."

이 모든 정보원의 흐름을, 그 어느 누가 따라 잡을 수 있겠는가.
'공간'을 초월하고 '시간'마저 초월해 버린 이 엄청난 정신 영역의
흐름을..
그래서 엉뚱해 보일 수밖에 없다.
E 기질을 향해 사회가 꼭 별명을 지어주듯이 한 마디로 정의하는
용어가 있는데, 바로 4차원이다.

저 사람 정말 4차원 같아~
저 아이는 도대체 무슨 생각을 하는 걸까?
꼭 4차원 속에 사는 것 같아~

알고 썼든 알지 못하고 썼든, 4차원이라는 단어는 E 기질의 에너
지성의 흐름을 가장 잘 설명해주는 용어이다.

시공간의 초월, '4차원' 23)

그래서 우리는 간혹 이들을 향해 이런 별명도 지어준다.
'화성인' 같다고.. 이 얼마나 완벽한 E 기질의 별명일까..

---

23) 우리는 시간과 공간을 합친 것을 시공간(space time)이라고 한다. 우리
가 살아가는 3차원의 공간에 1차원의 시간을 합쳐 4차원이라는 시공간을
이루게 된다.

결국 사람들이 느끼는 것은 대부분 비슷했다는 것이다.
그러나 그 아이가 가진 의미를 알고 느낀 것인지, 모른 채 자신의
기준으로 다시 재해석해 버린 것인지는 모르지만..

인간은 정신세계를 가진 동물이기 때문에 언제나 뭔가를 느끼고
생각하고 자신의 기준으로 판단하려 한다. 이러한 인간의 근본적
인 성질이 인간으로 하여금 성격을 연구하게 하였을지 모르겠다.
인간은 인간을 보면, 언제나 판단하려 하니까..
그러나 시작조차 알 수 없을 정도로 오랜 시간 끊이지 않고 이어
져온 성격 연구의 목적은 한 인간이 다른 한 인간의 행동성을 판

단할 때, 그 판단의 기준을 '더욱 다양하고 폭넓은 데이터'로 바라 보고 가장 근접한 관점을 형성시켜주기 위함이다. 결국 한 인간이 다른 한 인간을 이해하기 위함이다.
그리고 그것을 이루게 하고자 하는 가장 근본적인 이유는
인간이 인간을 이해하지 못하면 인간이 속해있는 사회라는 다양성 을 해석하고 유지시켜갈 수 없기 때문이 아닐까.

인간이 갖는 개인차를 인정하고
그 요인을 파악하여
보다 안정된 관계를 이루며
자신의 방향 점을 찾아가도록 돕는 것..

결국 성격에 관한 연구는 사회의 안정 뿐 아니라 한 개인의 행복 을 위한 것이다. 행복 말이다.

우리 연구소가 지금까지 그리고 어쩌면 인간이 존재하는 이상 앞으로도 기질을 끊임없이 연구하는 이유가 그와 같을 것이다.

그래서 나는 다시 한 번 바래본다.
지금까지 연구한 아이에 대한 우리의 데이터와 정보가
아이를 바라보는 모든 어른들에게
조금 더 깊이 있고
타당성 있는
아이에 대한 다양한 이해의 관점을 제시하여 주길..

이 책을 읽고 있는 당신의 이념의 경계가
한 뼘 만큼 넓어져,
당신의 아이가 조금은 다르게 보일 수 있기를..

이제 더 이상 내 아이가
혼자 구석에서 외롭게 울게 두진 않을 것이다.
아직 자신을 몰라서, 아직 완전하지 않아서 울 수는 있다.
하지만 그 아이를 알아주는 사람이 단 한 명도 없어서
그 불안과 외로움으로 울게는 하지 않을 것이다.

■ RDTA 중심 에너지(E - 감성 에너지)

감성 에너지(E)는 아동의 행동성을 주관하는 태도 방향이 '교류 중심'으로 이루어진 에너지를 말한다. 다양한 시각으로 사물을 바라보고 생각하여 판단을 내리는 광범위한 교류적 접근을 통한 창의적인 사고가 모든 행동의 중심이 되는 것이다. 사물을 바라볼 때, 더 깊고 민감하게 바라보는 능력, 감각과 직관을 겸비한 다른 각도에서 바라보는 능력, 일반적인 틀이 아닌 새롭고 독창적인 틀을 만들어내는 재해석 능력, 이러한 능력의 중심이 되는 에너지를 교류 에너지, 감성 에너지(E)라고 한다.

1. 시공간을 초월한 창의적 사고 패턴
감성 에너지는 다각적인 교류를 통한 창의적 사고 패턴이 중심이 되기 때문에, 모든 것의 개념을 파악하여 이를 새로운 관점으로 전환시키려는 특징을 갖고 있다. 그래서 행동이 일반적이지 않고, 독특하거나 다소 엉뚱하게 나타나기도 하는 것이다. 본래 창의란 일반적인 개념과는 매우 지금까지와는 다른 새로운 관점의 사고 즉, 하나를 보는 다각적인 관점을 뜻한다. 그래서 창의적 사고를 하는 감성 에너지 아동들의 행동이 다소 일반적이지 않고 엉뚱하게 느껴지는 것이다. (4차원, 화성인)

2. 교류 중심의 사고 관점

감성 에너지는 확장된 교류성에서 사고의 관점을 열게 된다. 기질적으로 다각적인 교류를 중심으로 사고를 이끄는 선호 경향으로 인해 자연적으로 창의적이고 직관적인 교류의 폭이 형성된다는 것이 특징이다.

창의는 살아가는 데 무엇보다도 필요한 능력이다. 새로운 관점으로 바라보는 시각은 삶의 문제들을 해결해 나가는 데 있어 가장 중요한, 문제 해결의 다양한 방향을 제시해주기 때문이다. 예술가들 또는 과학자들이 갖고 있는 창의적 사고 패턴이 새로운 세상을 만드는 주춧돌이 되듯, 감성 에너지(E)는 새로운 시각을 열게 하는 매우 유용하고 특별한 에너지이다. 아이의 행동과 사고하는 방식이 아이를 지켜보는 어른과 다르다고 해서 잘못되거나 엉뚱한 행동이라고 일반적 틀에 맞추려기 전에, 아이가 표현한 관점을 새로운 시각에서 바라보고 그것의 흐름을 이해하면, 감성 에너지의 아이가 바라보는 창의가 어른의 눈에도 보이게 된다.

\# 13

인간은 변화를 볼 때 희망을 느낄 수 있대.
그리고 그 희망 속에서
인간은 오늘을 살아갈 수 있대.

아이야,
눈을 뜨고 한번 바라보렴.

자연은 언제나 변화한단다.
풀 한 포기 꽃 한 송이도
오늘만큼 자라 있으니까..

너에게 준 신의 선물이지.

그리고 아이야.
너도 언제나 변하고 있단다.
어제보다 오늘만큼
너는 분명 자라 났으니까...

너에게 숨겨둔 신의 또 다른 선물이지.
(어쩌면 나에게 남겨둔 신의 선물 일지도...)

다시 잡아도 될까
너의 손

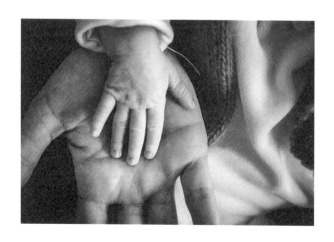

A. T. E 기억하기
::: 선명하게 그려낼 수 있도록

3부에서는 앞에서 나누었던 이야기들이 선명하게 기억될 수 있도록, 기질의 흐름을 특정 사물에 빗대어 기억하기 쉬운 실험과 함께 정리해 보고자 한다.

먼저 A 기질은 지금부터 접시를 기억해 달라.

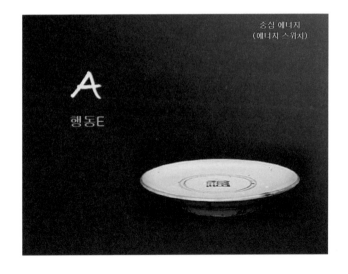

지금부터 이 접시 위에 물을 붓는 실험을 할 것이다.

바구니 가~득 물을 담아, 그 물을 순간적으로 접시를 향해 쏟아 붓는다. 그러면 접시에 닿은 물은 어떻게 될까?

맞다.

접시에 닿자마자, 물은 사방으로 튈 것이다.

물이 접시에 닿은 채로 몇 초간 멈춰 있다가 갑자기 바깥을 향해 튀는 것이 아니라, 접시의 넓은 면적에 닿자마자 그 즉시 바로, 물이 튕겨져 나온다.

이것이 A 기질의 패턴이다.

지금부터 물을 '질문'이라 생각해보자.

누군가가 A 기질의 아이에게 질문을 던졌다.(물을 부었다.) 물이 접시에 닿자마자 1초도 멈추지 않고 바로 사방으로 반동을 일으키며 튕겨내듯, A 기질의 아이는 질문을 듣자마자 바로, 1초의 망설임도 없이 '말'이라는 피드백을 튕겨낸다. 사실은 질문이 채 끝나기도 전에 '말'을 한다. 말을 끝까지 듣지 않는다. 바구니에 담겨진 물이 접시를 향해 던져지면 물이 다 나오기도 전에, 처음 닿은 물부터 튕겨내기 시작하듯 말이다. 이러한 반응은 접시에게 있어 매우 당연하고 자연적인 현상이다.

만약 물이 접시에 닿았는데 정지화면처럼 '1초.. 2초.. 3초.. 팅~' 시간이 멈췄다가 튕겨진다는 것은 결코 자연스럽지 않은 현상이다. 이것이 바로 외부 피드백에 대한 A 기질의 자연적 반응이다.

튕겨낸다. 그것도 즉각적으로..

멈추고 싶어도 멈춰지지 않는다.

똑같은 원리로, 이번에는 물을 '공부'라 생각해 보자.

'1 더하기 1은 2 야'라고 가르쳐 주면, 역시 즉각적으로, 물이 사방으로 튕겨지듯 아이는 즉각적으로 말하게 될 것이다.

바로 이렇게 말이다.

"1 더하기 1은 2 야.

자, 1 더하기 1은 뭐라구?"

"(질문이 끝나기도 전에) 2 요!"

하지만, 여기서 한번 생각해보자.

물이 모두 다 던져지고 난 후, 접시에 남겨진 물은 얼마나 될까?

거의 남아 있지 않다. 모두 튕겨내 버렸으니 말이다.

접시는 특성상 면적은 넓지만 깊이의 폭이 작기 때문에 많은 물이 담겨질 순 없다. 이것이 또한 A 기질의 특징이다.

'1 더하기 1'을 가르쳐 준 다음 날, 아이에게 어제 배운 것을 다시 물으면 아이는 이렇게 대답한다.

"너 어제 제일 대답 잘하더라. 1 더하기 1은 뭐였지?"
"(머리를 긁적이며..) 뭐더라?"
"에~. 2잖아~"
"아. 맞다. 2요!"

맞긴 뭐가 맞는가.
물을 튕겨내듯 '말'이라는 추임새가 이 순간 일어난 것이지 아쉽게도 아직 완전히 머릿속으로 인식되어 하는 말이 아니다.
다시 말해 알아서 안다고 하는 것이 아니라, 이제부터 알게 될 준비가 되었음을 뜻하는 것이다.
물이 모두 튕겨지는 작업이 끝나야, 접시 위에 물이 남게 되지 않는가. 그때서야 얼마나 담겨졌는지 우리는 온전히 확인할 수 있다.

접시와 같은 기질의 내 아이. A 기질

감정에 대한 표현도 이와 같다 생각하면 이해가 쉽다.
기쁨이든, 슬픔이든, 행복이든, 좌절이든, 이 모든 감정을 물이라

생각하고 접시에 부어보자. 역시 즉각적으로 튕겨낼 것이다. 또한 접시 위에 남겨진 물은 많진 않지만 대신 넓게 퍼져 접시의 모든 면적에 닿아있을 것이다.

그래서 A 기질의 아이는 아주 조금 행복해도 '행복해 죽겠어' 아주 조금만 슬퍼도 '슬퍼 죽겠어'라고 즉각적으로 '말'하게 된다. 느껴지는 순간 즉각적으로 튕겨내는 것 뿐 아니라, 면적이 넓은 만큼 나의 모든 것에 그 감정이 닿았고, 그만큼 크게, 넓게, 나의 모든 것이 그렇게 느껴져 버리는 것이다.

그래서 A 기질의 아이는 발가락 끝에 피가 살짝만 나도,

엄마. 나 아파 죽겠어. 못 걸을 것 같아. 엎어줘. ㅜ.ㅜ

라 말하게 된다. 그럼 엄마는 이렇게 말한다.

또 엄살 부리기는~ 오버하지 말고 그냥 걸어!!

사실 아이는 오버하는 것이 아니다. 물이 조금도 아닌 나의 '모든' 면적에 닿았고, 그래서 그것이 느껴지자마자 아이는 '사실 그대로' 아파 죽겠다는 반응을 즉시 튕겨낸 것일 뿐이다. 지금 이 순간 나의 뇌는 그렇게 온전히 인식된 것이다.

그러나 튕겨짐의 현상이 모두 끝나고 나면, 결국 접시 위에 남겨져 있는 물의 양은 아주 적을 것이다. 그래서 아이는 조금만 시간이 지나면 언제 아팠냐는 듯, 마구 뛰어다니게 된다. 잊어버린다는 것이다.

그러다 보니 그 모습을 보며 엄마가 말한다.

너 아프다며~? 아파서 못 걷겠다며~
아. 맞아~ (멀쩡히 뛰어 다니다가. 갑자기 절뚝거리며..)

그만큼 A 기질은 기질 상 잊어버리기도 잘 잊어버린다.

아. 접시의 위력이란...

중요한 것은 이 모든 것이 매우 자연스러운 흐름이라는 것이다.
자연스러움. 그것이 기질의 핵심이다.

A 기질의 행동 진행 원리를 그림으로 표현하면 다음과 같다.

나에게 자극이 들어오면(노랑 화살표), 자극에 대한 반응이 바로 바깥으로 나가고(빨강 화살표), 또 자극이 들어오면 바로 바깥으로 나가고 들어오면 나가고 들어오면 나가고..(핑. 퐁. 핑. 퐁)
마치 핑퐁 게임을 하듯 외부 피드백에 대한 반응이 매우 쉽고 자유롭게 이루어진다. 이것이 A 기질의 외부 반응의 접근에 대한 행

동 진행의 방향이다.

다시 말해 나의 사고의 흐름이 '외부와의 피드백'을 통해 활성화되고 또 계속적으로 이루어지는 것이다.(파랑 화살표)

그래서 A 기질의 아이는 공부를 할 때도 혼자 하는 것보다 누군가와 함께 하는 것을 선호한다. 말을 하며 핑퐁 게임을 하듯 그렇게 공부하면 훨씬 쉽고 잘된다.

그래서 시끄럽다.

>   말 좀 그만하고 조용히 좀 공부할 수 없겠니?

그런데 안타깝게도 그러면 공부가 안 된다. 나의 뇌가 사고를 위한 인식 버튼이 안 눌러진 것처럼.. 이상하게 인식이 잘 안 된다. 시끄러운 공부법! 그것이 A 기질의 가장 좋은 공부법이다.

이번엔 A 기질의 사고 진행의 흐름을 한번 볼까? 재밌게도 A 기질의 사고 진행의 특징은 다음과 같다.

Past 과거   Present 현재   ➡ Future 미래

사고 진행의 시간적 흐름을 과거, 현재, 미래로 두었을 때, A 기

질의 사고 진행 흐름은 현재를 중심으로 미래를 향해 서 있다. 이 말은 A 기질의 아이는 언제나 '현재'를 중심으로 '미래'를 향해 사고의 방향을 이끈다는 것이다.

그래서 A 기질의 아이는 앞으로의 일을 생각하는 것을 좋아한다. 아니, 그냥 좋은 정도가 아니라 아주 행복하고 즐겁다. 이것이 그냥 가만히 있어도 저절로 흘러가는 나의 자연적 사고의 방향이니까.. 그래서 계획 잡는 것을 너무나 좋아한다!

시험 일정이 나오면 먼저 계획부터 잡고 본다. 그리고 바로 문제집을 사기 시작한다. 이것도 할 거고, 저것도 할 거고.. 다 산다. 그런데 문제는 문제집을 사 놓고 풀지는 않는다는 것이다.

나의 사고는 현재를 중심으로 언제나 미래를 향해 있으니까..

과거는 이상하게 돌아보기가 힘들다. 쉽지가 않다. 그래서 돌아보지 않는다. 문제집을 사긴 했지만, 다음 날이 되면 그 문제집은 과거의 것이 되어 있다. 어디 있는지도 모른다. 생각하고 싶지 않다.

이상하지~

과거는 이상하게 생각하고 싶지가 않아..

잘 생각이 안 나..

문제집을 풀기 시작한다 해도 이러한 흐름은 계속된다.

공부를 하기 시작하면, 당연히 하루 만에 모든 공부가 다 끝나지 못한다. 그래서 오늘 공부한 것을 바탕으로 다음 날 그다음 부분부터 공부해 나가야 할 것이다. 그런데....

A 기질의 아이들은 어제 공부한 부분이 이상하게 잘 생각나지 않는다. 생각나지 않는 느낌이다. 슬슬 불안해진다. 그래서 다시 '처

음'부터 공부를 시작한다.

그렇게 하루가 지나고, 이틀이 지나고 시험 날이 다가오면 결국 시험 범위를 끝까지 보지 못한 채, 시험일을 맞이하게 된다. 교과서의 앞부분은 아주 너덜너덜 새까만데 뒷부분은 거의 새것 그대로다....

현재를 중심으로 미래를 보는 부분은 너무도 자연스럽고 그래서 너무 잘 되고 그만큼 그 부분은 단단하게 발달 되게 되지만('반복'으로 인한 구체적 시냅스 형성) 현재를 중심으로 과거를 바라보는 부분은 사용되기가 어렵고 그래서 잘 사용하지 않으며, 그만큼 발달이 잘되지 않는 것이다.

A 기질의 사람들은 옷을 사러 가도 이것과 비슷한 옷이 집에 있는지 곰곰이 생각해보고 사면 좋을 텐데, 그냥 사게 된다. ('과거 떠올림 빼~! 마음에 드니 그냥 사자.' 나도 모르게 흐르는 기질) 게다가 만약 그 옷가게의 점원이 '어머, 색이 너무 잘 받으세요.'라는 피드백을 보였다면, '좀 더 고민해보고 살 걸'이란 생각은 카드를 주고 결제라는 행동을 한 다음에 든다.(행동 후 사고) 집에 와 보니 비슷한 물건이 몇 개가 된다.

정말 접시의 원리란....

A 기질의 성향 하나를 더 말하자면, 바로 '긍정에너지'이다. 외부 피드백이 이루어질수록 A 기질의 에너지는 계속 생성된다. 거기에 넓은 접시의 면적은 작은 가능성마저도 크게 느껴내게 만든다. 그리고 이 모든 현상의 즉각적인 반응까지..

하면 되지 뭐, 할 수 있어!! (무한 긍정)

그래서 A 기질의 아이들은 뭐든 '할 수 있다'고 말부터 하고 본다. (설명도 다 안했는데, 다 알았대. 뭐든 할 수 있대...)

모든 장난감이나 상품에는 설명서가 있다. 그러나 A 기질은 그것을 보지 않는다. 안 보고도 만들 수 있다 한다. 설명해준대도 안 듣겠단다. 그러고는 그것을 들고 요리조리 열심히 해보더니, 결국 어떻게 만드는지 모르겠단다.
일부러 그러는 것이 아니다. 접시와 같은 기질의 흐름을 이해했다면, 내 아이가 왜 그랬는지 이제 조금 이해될 것 같다.
그러니 A 기질의 이러한 수많은 반응들과 사건들에 대해 부모는 화 낼 필요가 없다. 기질을 쓰는 자연적인 반응이니까.. 그러니 여유롭게 받아들이고, 잠시 기다렸다가, 가르침의 방향을 접근시키면 된다.

"엄마, 나 아파 죽겠어, 못 걷겠어~ 나 죽을 것 같아."

"아파 죽겠어?

1 : 착한? 엄마의 반응   그럼 엄마가 조금 엎어줄까?

2 : 유머러스한 엄마의 반응   어쩌지~ 그럼, 우리 그냥, 조금 어떻게, 죽..죽어.. 볼까? 아유~ 죽을 만큼 아픈데~ 그럼~ 너무 아프니까~ 죽는 게 나을지도 몰라~

3 : 냉철한 엄마의 반응   그래? 그럼 잠시 쉬었다 가자."

아이를 이해하고 나면, 우리에게는 앎이라는 여유가 생긴다. 그러면 나에게 맞는 지혜로운 방향이 생겨난다.[24]

---

24) 엄마에게도 기질이 있다. 그렇기에 어떠한 양육법도 한 가지의 방향이나 방법은 있을 수 없다. '**아이의 기질**'을 아는, 엄마인 '**나의 기질**'에 맞는 방향이 가장 지혜로운 양육법이다.

이번에는 T 기질이다. 우리 연구소에서는 T 기질의 흐름을 컵에
비유한다.

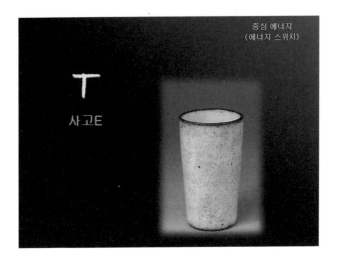

A 기질에서의 실험과 같이 이번에도 컵을 향해 물을 붓는 실험을
해 보자.

바구니 가득 물을 담아, 컵을 향해 던지듯 물을 부어보자.
그럼 바구니에서 쏟아져 나온 물은 어떻게 될까?
맞다.
컵 안으로 쏙~! 하고 담길 것이다.
이것이 T 기질의 패턴이다.
물을 '질문'이라고 생각해보자. 외부에서 나를 향해 던진 질문이라
는 물.
누군가가 나에게 '너 어제 뭐 했니?' 라는 질문을 던졌다.

그럼 물이 컵에 쏙 하고 담기듯, 질문이 내 안에 담긴다. A와 같이 즉각적으로 사방으로 튕겨져 나오는 현상은 절대 없다.
즉 T 기질은 질문이 던져짐과 동시에 바로 말을 하는 등과 같은 액션은 나오지 않는다는 것이다. 질문을 먼저 내 안에 담아내는 것이 우선이라는 거다.

그럼 언제 대답을 한다는 거야?

결국 컵 속에 들어간 물이 바깥으로 나와 줄 때, 우리는 질문에 대한 그 아이의 대답을 들을 수 있다.
컵에 물이 쌓이고 또 쌓이고 또 쌓이면 찰랑찰랑, 툭!
그제 서야 물은 쌓임을 바탕으로 컵 밖으로 나와지기 때문이다.
게다가 컵에 가득 찬 물은 절대 A와 같이 사방으로 튀는 형식으로 나오지 않는다.
자기의 컵 주변에만 톡, 톡 흘러내리는 것이 컵에 물이 가득 찼을

때 나오는 자연적인 현상이다. 큰 반경이 아닌 딱 자기 주변에
만... 조용히 말이다. 이것이 T 기질이 갖는 흐름이다.

컵이 갖는 '자연' 스러운 흐름..

컵에 물을 부었는데, 접시와 같이 물을 사방으로 튕겨낼 수 있는
지 생각해보라.
물이 컵 안에 가득 차지도 않았는데, 컵의 밑바닥에 깔려있는 물
이 저절로 바깥으로 나올 수 있는지 생각해보라.

그럴 수 없다.
그것은 자연적인 현상이 아니기 때문이다.
A 기질이 핑퐁 게임을 하듯 외부와의 피드백의 반동을 통해 사고
를 할 수 있는 에너지가 생성된다면, T 기질은 내 안에 들어 온
물이 온전히 쌓여야 컵 밖으로 드러낸다. 나의 힘, 나의 방법..
결국 외부와의 피드백이 아닌 내 안(내부)에 집중할수록 T 기질의
에너지는 생성된다는 것이다.

그런데 만약, 내 안에 어떠한 정보도, 어떠한 지식도 없는 질문을
누군가가 나에게 던졌다면?
어떠한 대답도 바깥으로 나올 수 없다.
게다가 이때 컵은 매우 초조해진다. 기질이 안정적으로 흘러가지
못하니까..
T 기질의 아이가 처음으로 새로운 어딘가를 갔을 때 역시 같은 흐
름이다.

240

하지만, 그곳을 한 번 가고, 또 한 번 가고, 또 한 번 간다면, 나에게는 한 번의 물, 두 번의 물, 세 번의 물이 정보로 쌓이게 된다. 많은 물이 가득 찬 상태에서는 물은 바깥으로 흘러져 나오기가 쉽다. 쌓인 것이 많을수록 아주 자연스럽고 쉽게 행동을, 대답을 컵 밖으로 꺼낼 수 있는 것이다. 게다가 빨리 나올 수도 있다.

컵의 특징
쌓인 만큼 쉽고 빠르게 드러낸다!

결국 T 기질의 아이는 언제까지나 느리진 않다는 것이다. (이는 몇 번을 강조해도 또 전해 주고 싶은 말이다!)
실제로 T 기질 그룹의 행동성 관찰연구 결과, T 기질의 아이는 여러 번 경험한 것은 어떻게 해야 하는지 매우 정확한 순서로 기억해내며 그 만큼 아주 편안하게 빨리 행동을 이뤄낸다는 사실을 알 수 있었다.
경험한 것에 대해서는 1초의 망설임도 없을 정도로..

경험이 쌓인 만큼 잘 해내는 T 기질
결국 반복된 것에서 안정을 취하는 T 기질

물이 '공부'라고 생각해도 패턴은 마찬가지이다.

T 기질에게 '1+1=2'라는 것을 가르쳐 줬다. 그러면 그 컵에는 1+1=2 라는 한 번의 물이 쌓인다. 오늘 처음 들어왔기 때문에, 그 컵에는 방금 들어 온 물만 컵 바닥에 깔린다.

개념의 파악을 위해서는 그것에 대해 기존에 내가 알고 있는 정보들을 찾는 작업이 이루어져야 하는데, 이에 대한 정보는 내게 전혀 없다는 이야기이다. 그럼 작업은 이루어지지 않는다. 이루어질 수 없는 것이 당연하다.

"1 더하기 1 은 2 야, 알겠지?"

".........."

242

T 기질은 물이 쌓이고, 쌓이고, 쌓여야 찰랑찰랑, 툭!
'2'라는 식으로 답이 흘러져 나온다. (게다가 주변 반경에만 툭. 이게 포인트다. 다시 말해 대답은 언제나 짧다.)
이 말은 곧 '1이 뭔지', '더하기가 뭔지'와 같은 하나하나의 개념이 완전히 성립되어야 조합의 에너지는 생성된다는 것이다.
'1 더하기 1은 2 야'가 아니라 '1은 이런 거야, 그리고 더하기는 이런 이런 의미야.'
그리고 다음 날 또.. 다음 날 또.. 쌓임.. 쌓임..
정확한 개념의 인식을 이끌 정확한 쌓임이 필요하다는 것이다.

아~. 그럼, 언제까지 반복해서 가르쳐 줘야 되나요?

앞에서도 이야기했지만, 아이가 더 이상 질문하지 않을 때까지..
엄마가 가르쳐주고 또 가르쳐줬는데, 어느 날 아이가 '엄마, 나 이제 알거든!'이라고 짜증을 낼 때까지..
아이가 다 안다고 짜증을 냈다는 것은 이제 확실하게 개념이 인식되었다는, 물이 가득 찼다는 의미의 표현이기 때문이다.
결국, 자신의 컵만큼 차올라야, 완전히 아는 것이고, 완전히 알아야 대답을 하는 것이 T 기질이다. 완전히 알지 못하다면 대답도 하지 않는다. 사고의 결합이 완전히 이루어지지 않았으니까.. 정확하지 않으니까..
간혹 어떤 부모님은 내게 이런 질문을 하신다.

"10번쯤 가르쳐 주면 될까요?"

같은 T 기질이라 해도 아이마다 각자의 컵의 크기와 깊이가 모두

다 다르다. 10번의 쌓임이면 컵이 다 차는 아이가 있는 반면, 20번의 쌓임이 있어야 다 찰 만큼 컵의 깊이가 깊은 아이도 있다. 그러니 10번이라는 횟수가 아니라, 아이의 깊이에 맞추는 것이 가장 정확한 방법이다.

하지만 너무 오래 걸리는 것 같아서... 다른 아이들은 다 아는데 내 아이만 아직 몰라서... 너무 배움이 느려서... 걱정이 돼서...

아니, 기질의 흐름을 안다면 절대 걱정하지 않길 바란다.

서울대학교를 가보면
T 기질이 가장 많다!

의사, 변호사라는 직업군에
가장 많은 기질이 T 기질이다!

학습이라는 구조의 흐름을 보면, 학습이라는 것은 하나하나의 개념들의 연결과 조합의 과정을 통해 이루어지는데, T 기질은 태어날 때부터 처음부터 이러한 개념의 조합을 통해서만 사고가 되는 기질을 가지고 있다.

그래서 이를 위한 뿌리를 하루하루 내리는 것이 그들의 자람이고 성장이다. 학습과 일치하는 사고 흐름을 유년기의 모든 시간 동안 하루도 쉬지 않고 이루어내는 것이 바로 그들의 사고 패턴이기 때문이다.
단지 시간이 걸릴 뿐이다. 자신의 기질을 쓸 수 있게만 한다면 그들은 잘 할 것이다. 게다가 쌓여진 정보가 많이 생겨날수록, 나의 사고는 그다음 개념, 그다음 개념을 아주 쉽게 그리고 자연스럽게 안정적으로 빨리 찾아내니까..

정보가 많을수록
쉬워지는
사고의 흐름

결국 T 기질에게 있어 자람은 '시간'이다.
하나를 알고 또 하나를 알고, 시간의 '흘러감'만큼 쌓임은 더 많아지기에 일정량의 쌓임이 생기고 나면 그 다음은 오히려 쉽다.

대신 이러한 T 기질의 뿌리를 내릴 수 있는 충분한 시간과
그에 대한 올바른 피드백을 가졌을 때, 이 모든 것은 가능해진다.
뿌리가 쌓이지 않는다면 완전한 그의 모습 또한 볼 수 없음을 반드시 부모는 알아야 한다.

하지만……
머리로는 이해가 되었지만..
아이를 보고 있으면, 답답하고,
기다리다 내 숨이 '먼저' 막혀 죽을 것 같고...

그래서 T 기질의 양육 키워드는 '인내'이다. 이 시간만 지나면 그 끝에 당신은 '의사 자녀를 둔 엄마'가 되어 있을 것이다! ^-^
단순한 우스갯소리가 아니다. 나는 지금 의사가 된다는 단순한 논리만을 말하는 것이 아니기 때문이다.

의사라는 직업은 실제로 T 기질이 많기도 하지만, 그것이 T 기질에게도 안정적인 사고를 이끌어가는 삶의 방향이기도 하다.
천직이라고 하던가? 이 길이 나를 안정적으로 써내고, 그 안정이 나를 또 발전시키는 가장 나에게 맞는 안정을 주는 직업이기도 하다는 것이다.

의사라는 직업에 있어 반드시 필요로 하는 능력이 바로 '엄청나게 방대한 정보들'을 '정확하게' 인식하고 그 인식된 정보들을 '개념적으로 접근하고 조합'하여 연결해내는 사고의 작업 방향이기 때문이다. (역시 A 기질인 나에게는 상상도 할 수 없는 일이다! ㅜ.ㅜ)

발전이란 자극을 줄만한 약간의 스트레스를 동반하긴 하되,
그것을 이겨낼 힘이 없이는 이루어지지 않는다.
자신의 기질적 흐름이란 편안함과 안정, 그리고 즐거움을 이끈다.
즐거움은 '너무 힘들지만, 한번 넘어가 볼까?'라는 스스로 하고자 하는 의지라는 동기를 유발시켜 준다. 힘을 갖게 한다.
혹시 이런 말을 들어본 적 있는가?

'천재는 노력하는 자를 이기지 못하고,
노력하는 자는 즐기는 자를 이기지 못한다.'

결국 기질이란 행복하게 나의 발전(성공)을 이끄는 나만의 길이 되어 준다.

연구를 하면 할수록 정말 기질은 '나를 위해 존재하는 구나'라는 생각이 든다.

기질을 아는 것이 나를 아는 것이고,

그것은 곧 나의 삶을 편안하고 멋진 나로 살아가게 해 주는 것이기 때문이다.

기질은 값도 대가도 없이 받은 세상 하나뿐인 나만을 위한 선물이 아닌가 생각해본다.

선물의 용도를 모른다면, 당연히 감사함도 느끼지 못할 수밖에 없다.
기질이라는 선물이 가진 의미를 안다면
나는 나를 인정해주고 격려해 주지 않을 수가 없다.
나를 아끼고 사랑하지 않을 수가 없다.
나를 내가 알아주지 않는다면, 나는 평생 힘들고 외로울 수밖에 없다.
그러나 진짜 나를 알아주고
나에게 맞는 길을 찾아 하루만큼 살아갈 때,
오늘만큼 조금 더 행복해진 나를 만날 수 있지 않을까.
누구도 완벽하지 않다.
인간은 삶의 깊이만큼 자라난다.
힘든 일이 생길 때마다.
내가 생각한 만큼 결과가 이루어지지 않을 때마다.
실수를 저지를 때마다. 슬픈 일이 생길 때마다.
세상 누구도 알아주지 않는다 해도
내가 나를 알아주며
오늘도 무거운 나의 어깨를 따뜻하게 꼭 안아줄 수 있길 바란다.
괜찮다고.. 하면 된다고.. 할 수 있다고 말이다.
나에겐 나의 길이 있다고 말이다. 그러니 천천히 가도 괜찮다고...

T 기질의 행동 진행 방향은 다음과 같다.

외부에서 나에게 자극이 들어오면(노랑 화살표), 내 안에서 에너지를 돌려 그에 대한 해답을 찾은 후(파랑 화살표), 다시 외부로 나가는 형식(빨강 화살표).. 그렇게 하나가 들어오면 딱 하나만큼 나가고, 또 하나가 들어오면 또 하나가 나가는 이것이 T 기질의 흐름이다. 그래서 T 기질의 사람에게 질문을 하면 질문한 것에 대한 대답만 들을 수 있다. 그 외의 말은 듣기가 어렵다.

다른 말을 듣고 싶다면 또 다른 질문을 해야만 한다.

그러나 A 는 어떠한가? 외부 피드백이 계속적으로 이루어져야 자연스럽고 안정이다. 그것이 멈추면 왠지 뇌가 멈추는 느낌? 불안해진다. 자, 그럼 이제 A와 T의 대화를 보자.

A : 안녕하세요?

T : 네.

A : (아. 이 분위기 어쩔. 너무 조용하네. 조용하면 이상한데.. 말을 걸어야 겠다.) 오늘 날씨 참 좋죠? ^-^

T : (오늘 날씨.....개념.....확인.....좋군) 네.

A : (뭐야. 벌써 끝났어? 피드백이 멈추면 불안한데.. 말을 걸어야겠다.) 오늘 끝나고 뭐하실 거예요?

T : (오늘 뭐 할지 생각 안 해 봤는데?... 그래서 개념 없음... 결합 안 됨... 시간 걸림...) ……

A : (왜 대답을 안 하지? 나랑 대화하기 싫은 건가? 불편하다) ^-^;

서로가 의도하지 않았는데, 불편하고 힘들어지는 순간이 되어 버렸다. 그런데 이 불편함은 사실 누구에 의해서도, 누구의 잘못도 아니다. 단지 서로가 안정화를 이끄는 기질의 방향이 조금 다를 뿐이다. 외부 피드백의 순환이냐, 내부 피드백의 순환이냐....
기질의 안정과 불안정..
그것은 결국 자연스러움과 부자연스러움이고, 내가 잘할 수 있는 것과 내가 잘하기 힘든 것을 말한다.

T 기질은 A 기질보다 상대적으로 긴장을 많이 하는 것처럼 보이기도 하는데, 이것 또한 내부로 흐르는 기질의 방향 때문이다.

T 기질은 내 안에서, 나의 기질적 사고 흐름을 통해 에너지를 돌려준다. 그만큼 사고의 결과물이 이끌어질 때까지 외부 피드백이 차단되는 것이 좋다.

이때, 내 안에 정보가 잘 찾아지지 않는 상황이라면, 나는 더욱 깊은 곳에서 정보들을 찾아내야만 한다. 더 나를 향해 안으로 들어가야 하는 것이다. 시간이 더 필요함을 말한다. 그럴수록 외부로의 피드백은 없을 수밖에 없다.
사실 내 안에 정보가 없을 때, T 기질은 적잖이 당황하고 그래서 사고가 잠시 멈춘다. 기질 흐름의 멈춤, 불안정... 그러나 나의 기질은 똑똑하게도 나를 다시 내 안으로 이끌어 안정이라는 흐름을 바로 찾도록 도와준다.

문제는 이 순간부터 발생된다.

시간이 오래 걸리는 것에 대해서 T 는 사실 그렇게 긴장하지 않는다. 내 안에서 나의 흐름 가운데 있으면 긴장을 일으킬 불안정이라는 자극 요소는 발생되지 않기 때문이다.
오히려 T 에게 긴장을 주는 자극은 '외부'에서 온다.

(기질적 차이에서 오는 오해라는 시선)
왜 대답을 안 하지? 내 말을 못 들었나? 내 말을 무시하나?

오랜 시간 대답을 하지 않는 나를 향해 누군가의 시선이 계속 향해 있다면, 또는 '왜? 모르겠어? 왜 안 해? 내 말 못 알아들었어?' 등과 같은 외부 피드백이 계속 나를 향해 쏟아진다면...
나는 어쩔 수 없이, 나의 사고 흐름을 내부를 향해 안정적으로 써나가기 힘들어진다. 외부에서 오는 피드백이 계속되면 계속될수록 나의 흐름은 흐트러질 것이다.

결국 처음 내가 집중했던 것이 아닌, 그 이후 반복적으로 들어오는 외부 피드백에 사고의 흐름이 집중될 것이다.
왜 못해? 왜 안 해?
그렇게 T 기질은 긴장이라는 흐름이 만들어 진다.

게다가 컵의 특성상 외부의 시선은 내 안에 쌓인다. 그 긴장감은 아주 오래도록 나의 사고 안에 머물러 있게 된다. 금방 훌훌 털어버리면 좋을 텐데.. 아쉽게도 T 기질은 물이 담기는 기질이지, 사방으로 튕겨내는 기질이 아니다. A 기질처럼 튕겨버리지 못한다.

그렇다면 A 기질은 긴장을 안 할까?

A 기질도 긴장을 한다. 대신 긴장을 하면 할수록 말이나 행동을 통해 자기 안정화에 들어가기 때문에 다른 사람들의 눈에는 긴장을 안 하는 것처럼 보여 질 뿐이다.
게다가 A 기질은 기질의 특성상 자연스럽게 바깥으로 그 긴장감을 꺼내어 해소시켜 버리는 방식을 택한다. 이것이 긴장감으로부터 자신을 지켜내는 자기 보호적 기질 흐름이기 때문이다.
A 기질이 바깥으로 표현하면 할수록 자기 안정화를 이룬다면, T 기질은 오히려 자신에게 집중하면 할수록 더욱 안정을 취할 수 있

고 긴장에서 벗어날 수 있다. 결국 이것이 자기를 불안정한 흐름에서 지켜내는 방법이다.

기질은 정말 엄청난 힘으로 나를 지켜내고 있다.

나도 모르게 나를 이끌면서 말이다.

그래서 나는 T 기질을 가르치는 선생님께

만약 아이에게 칭찬을 통해 학습 효과를 더 높이려 하신다면, 칭찬을 아주 작은 소리로 조용히 해달라고 말한다.

다른 아이들이 있는 앞에서 큰 소리로 칭찬을 하면, 나를 향해 쏟아지는 다른 모든 친구들의 시선이 T 기질의 아이에게 너무 크게, 또 너무 많이 담겨져, 오히려 원래 이 아이가 진행하고 있던 것에 집중하던 사고를 멈추게 해버리는 결과를 낳게 된다고 말이다.

그러니 '내가 지금 하는 방향이 옳은 방향이구나.' 정확한 확신을 통한 자기만족을 이끌 만큼의 자극이, T 기질 아이를 향한 칭찬의 학습 효과라고 말해 준다. (T 기질은 소리에 또한 민감하다.)

T 기질의 사고 진행 흐름은 다음과 같다.

사고의 시간적 흐름을 과거, 현재, 미래로 두었을 때,
T 기질은 현재를 중심으로 과거를 바라보며 서 있다.
즉 T 기질의 아이는 '현재'를 중심으로 '과거'를 향한 관점에서 안
정적으로 사고를 이끈다는 것이다.

그래서 T 기질의 아이는 과거(기억)의 것들을 통해 생각을 이끌어
내는 것을 잘하고 또 즐거워한다. 경험한 것을 생각하는 것, 경험
한 것을 또다시 해내는 것. 반복하는 것.
그만큼 과거에 축적된 경험들은 나에게 엄청난 사고의 힘이 되는
것이다.

그러나 반대로 '미래'는 나의 자연적인 방향은 아니다. 미래를 향
해 나의 시선과 방향을 돌리려면 자연적이지 않은 만큼, 그만큼
힘이 든다. 못하는 것은 아니지만, 자연스럽게 되지 않을 뿐이고
억지로 방향을 틀어줘야 하니 쉽지 않을 뿐이다.
왜냐하면 미래란 아직 오지 않은 시간대이고, 그만큼 명확하고 완

전한 정보가 없는 구조이기 때문이다.

T 기질의 가장 큰 특징은 바로 정확성이다.
그래서 A 기질과 같이 정확하지 않은 것들에 대해 무한대의 긍정
에너지를 생성할 수는 없다.
그러나 정확한 계획을 통해 모든 일들을 이끌어 가는 것은 잘하고
또 좋아한다. 경험적 데이터를 바탕으로 말이다.
그래서 A 기질이 봤을 때, T 기질은 너무 계획적이고 또는 부정
적인 사람으로 비춰 보일 수도 있다.

A : 자기야, 오늘 날씨 너무 좋지 않아? 우리 날씨도 좋은데 지금
어디 좋은 곳에 바람 쐬러 갈까?
T : (갑자기? 계획되지 않은 일.. 판단이 쉽게 떠오르지 않는다.. 어디로 가
야될까.. 아무런 정보도, 생각도 없는데.. 흠.. 불편., 불안정.. 그래서 갑자기
인상이 써진다.. 그런데 본인은 잘 못 느낀다..) … …
A : 왜? 나랑 바람 쐬러 가는 게 그렇게 싫어?

또 다른 상황을 보자.

A : 여보, 이건 이렇게 하려고 하는데 어때?
T : 그건 좀 아닌 거 같은데...
A : 그럼 이거는?
T : 그것도 좀...
A : 그럼 이렇게 할까?
T : … …
A : 그럼 어떻게 하자구... 이것도 싫다 저것도 싫다. 뭐 하나 좋은
게 없어. 사람이 왜 이렇게 부정적이야.

부정적인 것이 아니라 정확하려고 하는 것이다. 가기 싫은 것이 아니라 정확한 정보를 가지고 움직이려는 것이다.

정확성을 향한 T 기질의 끊임없는 흐름..

그러나 이러한 흐름 덕분에 정확성은 다른 어떤 기질도 T 기질의 그것을 따라가지 못한다!

방금 전에 '천재는 노력하는 자를 이기지 못하고, 노력하는 자는 즐기는 자를 이기지 못 한다'고 했던가. 천재성의 사전적 의미는 '**선천적**으로 가진, 남들과 다른 **자신만의 능력**'을 말한다.

기질이란 '**선천적으로 가진 남들과는 다른 나만의 흐름**'을 말한다. 결국 기질이란 내 안에 지닌 나만의 천재성을 말한다. 하물며 기질은 쓸수록 안정이고 즐거우니 계속 쓰고 싶고 또 잘 써지기까지 한다.

T 기질은 자신을 쓰면 쓸수록, 누구도 따라가지 못하는 정확성의 능력자가 될 수 있다.

그리고 이러한 정확성으로 인해,

사람들에게 신뢰감을 주게 되는 날이 곧 온다.

시간이 지나면 내 아이의 일관된 행동 속에서 일관된 패턴을 누구든 알고 느끼게 될 테니까..

일부러 느린 것이 아니고, 고의로 상대를 화나게 하려는 것이 아니었다는 사실을 그 사람을 알면 알수록 더 잘 바라보게 되는 날이, 시간의 쌓임을 통해 올 테니까 말이다.

참, 진득한 사람이네.
믿음이 가는 사람이야.

255

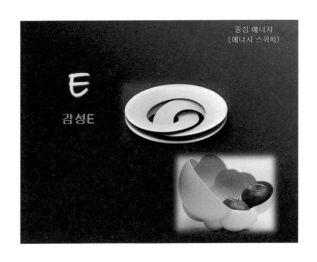

이제 마지막으로 E 기질이다.

사진을 먼저 보자. 흠.. 이것은 접시와 비슷한 형태인데 그렇다고 접시도 아니고, 또 컵처럼 뭔가를 담을 수 있기는 한 것 같은데 그렇다고 컵도 아닌 것이, 뭔가 기하학적인 형태..

그렇다.

A 같기도 하고 T 같기도 하지만, A 그리고 T 와는 전혀 다른 기질적 흐름. 이것이 E 기질의 패턴이다.

지금부터 이 기하학적인 형태를 향해 물을 붓는 실험을 해 보자. 먼저 '접시와 비슷한 형태'에다 물을 던지듯 부으면 그 물은 어떻게 될까?

면적에 닿는 즉시 사방으로 튕겨져 나올 것이다.

그런데 각도가 다 틀리다. 언제 어떤 방향으로 튕겨낼지, 우리가 생각지도 못한 방향으로 튕겨낼 것이다.

때론 뚫려있는 곳으로 물이 향했다면, 그 물은 전혀 튕겨내지도 않고 쏙 하고 빠져 사라져 버릴 것이다.
어쩔 땐 곡선을 따라 물이 흘러, 어떤 한 부분에 고여 가만히 담기게 될 수도 있다. 팅기지도 사라지지도 않은 채 이 기하학 형태의 어딘가에 남아있는 것이다.

이번엔 사진의 '그릇 비슷한 형태'를 향해 물을 던져 보자. 담기긴 담기되 매우 독특한 형태로 담길 것이고, 예상치 못한 쌓임의 순간에 예상치도 못한 물이 주루룩 흘려져 나올 것이다.

물을 '질문'이라 생각하여 E 기질의 행동 패턴을 설명해 보겠다.
누군가가 E 기질의 아이에게 질문을 던졌다.
물이 1초의 망설임도 없이 팅겨져 나오듯 대답이 바로 나오되 생각지 못한 방향의 대답이 나온다.

"너 어제 뭐 했어?"
"있잖아요. 돌고래가 아기를 낳았는데.
아기 돌고래랑 엄마 돌고래랑 아빠 돌고래가
소풍을 갔어요~~ (완전 신나함)"

질문은 '너' 어제 뭐 했어? 였는데, 팅겨져 나온 물은 '돌고래'에 관한 물이다.

또는 질문을 했는데, 아무런 말도 하지 않을 수도 있다.
아니, 아예 내가 던진 질문은 허공으로 사라졌는지 땅으로 꺼졌는지 아이에게 전혀 닿지도 않았다. 그냥 사라져버린 것이다. 아이의 사고는 시작되지도 않았다. 면적에 닿지도 않았기에 결국 자극 자체가 없이 쏙 하고 질문은 사라져 버렸으니까..

과거에 던졌던 질문의 물이 아이의 어느 공간에 담겨져 있다가, 다른 질문을 부었을 때, 쌓임을 일으켜 아래로 쏟아져 나올 수도 있다. 도대체 이건 또 무슨 이야기인지.. 그런데 이야기가 참 풍성하다. 지금의 질문에 전혀 맞는 대답이 아니긴 한데, 엄청 체계를 갖춘 대답 같기도 하다.

"너 어제 소풍가서 뭐 했어?"

"경찰 아저씨가 쓴 모자 알아요?
그 모자에 날개 같은 문양이 있는데, 진짜 멋져요.
카우보이는 멋진 총을 차고 있는데~ 은색이요.
그런데 요새 카우보이를 경찰이라고 하거든요~
요즘 경찰 아저씨는 멋진 은색 총을 가지고 있진 않아요.
하지만 난 멋진 날개문양이 있는 그 모자가
은색 총 같이 정말 멋있어 보여요."

예전에 던져진 물로 인해, 내 안 어딘가에 카우보이에 관한 정보가 담겨 있다.
어제 뭐 했냐는 질문을 받았는데, 어제 소풍을 갈 때 2줄로 서서 선생님을 따라 인도로 걸어갔었다. 그 길 맞은편에 경찰서가 있었다. 경찰서 건물의 문 앞에 경찰을 상징하는 마크가 있었고, 어제 소풍을 가며 그 마크를 본 것이다.
이 아이는 카우보이를 가장 좋아한다.
카우보이..

그 순간 감성을 통한 교점의 문이 열렸고, 이 모든 정보가 하나로 연결되어 사고의 결합을 이끌어냈다.

세상에 하나밖에 없는 대답을 이루어낸 것이다.

Cowboys & Aliens, 2011

물을 '공부'라고 생각해보아도 이와 같다.

"1+1=2야. 1 더하기 1 은 뭐라구?"
"눈사람은요. 동그라미 하나랑 동그라미 하나가 붙어져 있어요."
"......"

이 아이는 1의 개념을 알고 있다. 더한다는 개념도 알고 있다. 그런데 이것의 결합이 눈사람을 만들었다. 이 얼마나 굉장한 창의인가! 우리가 원하는 대답은 아니었지만...

중요한 것은 아이는 알고 있다는 사실이다. 자신의 표현법이 우리가 생각하는 일반적 기준이 아니었을 뿐이다.

우와~ 너 정말 대단하다~
어떻게 알았지?
눈사람은
하나 더하기 하나를 했더니
어? 또 하나가 되네?
눈사람 하나!
이야~ 너 정말 대단하다.

그런데 엄마가 보니까
눈사람 얼굴 동그라미 하나~
눈사람 뚱뚱 배 동그라미 하나~
눈사람은 동그라미 2개를 가지고 있구나~

정말 아이를 키운다는 것은 쉬운 일이 아니다.
아무것도 기록되어 있지 못하는 백지장과 같은 아이에게, 세상을 가르친다는 건 절대, 결코, 쉬운 일이 아니다.
하지만 우리가 반드시 기억해야 하는 사실은, 이 세상 모든 지식을 내가 내 아이에게 다 가르쳐줄 수는 없다는 것이다. 결국 아이가 스스로 그것들을 찾아가고 알아야 하는 것이란 사실이다. 그렇게 세상의 수많은 길을 느끼고 배우며 걸어가야 한다는 것이다.

그렇다면 우리가 부모로서 할 수 있는 가장 필요한 가르침은,
내 아이가 자신의 시야와 사고로 세상을 바라보고 느낄 수 있는,

자신에게 꼭 맞는 신발을 찾아 신을 때까지, 부모는 그가 걸어가는 길에 보드라운 흙이 되어주는 것일 것이다.

아이의 여린 발이 세상이라는 단단한 땅에 쓸려,
그로 인한 고통으로 그 길 걷기를 멈추지 않도록..
두려워하지 않도록..
아이가 자랄 때까지 그 아이의 보드라운 흙이 되어 그를 지켜주는 것이다. 비가 올 때는 진흙이 되어서, 눈이 올 때는 흙에 소금을 뿌려 눈길에 미끄러지지 않도록 그렇게 그의 곁에 또 다른 모습으로 서 있어 줄 뿐이다..

자람은 넘어짐의 순간들을 통해 온다. 넘어짐은 누구나 아프다.
하지만 그것을 두려워한다면, 결국 자람은 없다.
넘어져도 일어설 수 있다면, 아이는 반드시 자란다.
그리고 우리의 아이들은 모두 다시 일어설 수 있는 힘을 지니고 있다. 그들을 믿고 기다려주는 어른이 있다면...

E 기질의 행동 진행 방향은 어떨까?

외부에서 자극이 들어오면(안 들어올 때도 있다!)(노랑 화살표) 절대 상대가 원하는 대답이 나오지는 않는다. 대신 내 안에서 새롭게 형성된 것이 내가 원하는 방향으로(파랑 화살표) 바깥을 향해 나온다.

행동은 사고의 결과물과의 연결성을 갖는다. E 기질 아이들의 행동이 독특한 것은, 그의 기질을 통해 형성된 사고의 독특한 흐름과 조합이라는 결과물 때문이다. 절대 의미 없는 행동은 아님을 알아주었으면 좋겠다.(다소 보고 있기 힘든 행동을 하기도 하지만..)

그래서 E 기질의 아이에게 가장 필요한 교육이 예절과 도덕이라는 사회적 규범이기도 하다! 나의 틀은 망가뜨리지 않되, 사회 안에서 우리가 지켜야 할 선을 반드시 지킬 수 있도록 가르쳐 주는 것...

아쉽게도 앞서 전하였지만, 이 아이는 우주적일 만큼 넓은 사고의 틀을 가지고 있다. 그리고 우리가 알다시피 우주는 지구보다 크다. 그 만큼 사람과 사람이 함께 할 때 느껴지는 '틀'이라는 기준도, 지구라는 틀 안에서 사고의 기준을 갖는 A 와 T 보다 더 반경이 넓고 클 수밖에 없다. 그래서 지금 내가 하는 행동이 일반적으로 상대에게 기분이 나쁜 행동인지 아닌지 정말로, 정말로 잘 느끼지 못한다. 기준이 다르기 때문에..

이와 관련된 재미있는 이야기를 하나 들려주겠다.

이미 우리가 잘 알고 있는 이야기이다.

어떤 한 아이가 있었어.
그런데 그 아이는 정말 엉뚱한 일을 많이 해서
마을 사람들은 그 아이가 하는 일들을 보며
언제나 혀를 쯧쯧 차곤 했대.

그런데 어느 날 이 아이가 집으로 걸어오다
커다란 풍선이 하늘에 둥둥 떠 있는 것을 본 거야.

'우와~ 신기하다. 너무 멋져~'

알고 보니 그 풍선 안에는
공기보다 가벼운 헬륨가스가 들어있었던 거래.

'와. 사람이 저렇게 뜰 수 있다면 얼마나 재밌을까? 얼마나 신날까?'
그래서 그 아이는 마을에서 제일 친한 그의 친구를 불러
그 친구에게 헬륨가스를 열심히 먹인 거야.

헐~

아이는
뱃속에 헬륨가스가 들어가면

그 친구가 하늘에 뜰 거라 생각한 거지.
그럼 그 친구가 정말 신나서
너무도 즐거워할 거라 생각한 거야.

마을 사람들은 난리가 났지.
저 아이 정말 큰 일 내겠네. 뭔가 모자란 아이 아니야?

아니, 이 이야기는 특별한 사고를 가지고 있던
우리가 다 아는 멋진 과학자의 이야기야.
바로 창의의 대명사 '토마스 에디슨'의 이야기이지.

물론 그는 엉뚱했지.
그러나 우리 모두가 알다시피 그에게는
그 엉뚱함으로 인해 결국 학교에서 쫓겨나
집으로 돌아온 그 순간에도
그를 이해하고 안아주는 '엄마'라는 존재가 있었어.

E 기질의 사고는 정말 특별하다. 하지만 엉뚱하다.
그러나 우리도 가끔 이런 엉뚱한 상상을 한다. (그것이 창의라는
아이디어로 연결되지.)

그러니 E 기질의 아이를 위해 사회라는, 그에게는 조금 작은 세상
을 느끼고 알 수 있게 도와주길 바란다.
인간이 가져야 할 예의와 규범이라는 틀을 이 아이가 이해하고 자
신의 방식으로 풀어낼 수 있도록 도와주길 바란다. 그러면 이 아
이는 모든 능력을 갖춘 정말 특별한 아이가 될 것이다.

마지막으로, 이 모든 것과 연결된 E 기질의 사고 진행 방향은 다
음과 같다.

현재를 중심으로 하되 미래와 과거를 동시에 왔다 갔다 넘나드는
사고의 진행 방향.
그래서 그의 사고는 우리가 현재 생각하고 바라보는 것과는 조금
다르다. 같은 현재라는 시간 안에 있지만, 그는 우리가 보지 못하
는 공간을 바라보고 있고 또 그 공간을 자신의 머릿속에서 새롭게
이미지화시켜내고 있기 때문이다.

시공간의 초월
E 기질의 특별한 능력

<<< 여기서 잠깐

기질은 자신만의 사고 흐름이자 에너지 방향이다. 그렇기 때문에, 같은 기질이라 하더라도 그 폭과 반경, 그 흐름은 또한 각자가 다 다르다. 그래서 기질은 몇 가지 유형으로 나누어 정의내릴 수 있는 것이 아님을 말하고 싶다.

그래서 우리는 70억 이상이 갖는 기질을 좀 더 세부적으로 이해하기 위해, 먼저 A, T, E라는 3가지 중심 에너지, 즉 주기능에 1차적인 분석의 중심을 두었다. 그것이 가장 중심이 되는 그의 뿌리이자 사고의 문이기 때문이다.

그런 다음, 그 만이 갖는 기질의 다음 카테고리의 흐름을 찾아내고자 또한 연구를 거듭하였다.

(옆집 아이와 나의 아이는 비슷해 보일 수는 있지만, 결코 같지 않음을 전하는 것이, 그를 그로써만 바라보게 하는 것이, 우리 연구소가 해야 하는 일이기 때문이었다.)

기질은 주기능 다음으로 연결되는 정보 결함의 카테고리, 힘인 부기능과 열등기능을 어떤 방향으로 어떻게 끌어당기느냐에 따라 또 다시 세부적인 그 만의 흐름과 특징을 갖는다. 그래서 같은 A 기질이라 하더라도 매우 다른 성격을 갖게 되는 것이다.

아마 당신은 지금쯤 이런 생각을 가지고 있을 지도 모르겠다. 내 아이는 A도 있고 T도 있고 E도 있는 것 같다고.. 당연하다. 모든 인간은 누구나 행동하고(A) 누구나 사고하고(T) 누구나 감정을 느낀다(E).

우리 또한 이 부분에 궁금증을 느꼈고, 그에 대한 연구를 진행하며 알게 된 것이 바로 부기능과 열등기능의 흐름이었다.

기질은 결국 '흐름'이다.
어떤 시작점의 문(주기능)을 통해 어떤 순서로 정보를 조합해가는 것이 나의 흐름이냐에 따라(부기능, 열등기능), 각기 다른 자신만의 마지막 결과점에 도달하게 된다.

(예를 들어, A를 주기능으로 사용하되, T를 부기능으로 사용하고 E를 열등기능으로 사용하는 기질을 AT 기질이라고 한다. 내 아이와 내 아이의 친구는 둘 다 T 기질인 것 같은데, 한 아이는 TA이고 또 한 아이는 TE 라면 한 아이는 얌전한 듯 한데 말을 잘하고 움직임이 빠르고, 또 한 아이는 역시 얌전한 듯 한데 감정적인 표현과 감성이 풍부하다.)

아쉽지만 이에 대해 다루기에는 또 한 챕터만큼의 내용과 시간이 소요되기에, 이에 관한 이야기는 다음 책에서 더욱 자세히 다루고자 한다.

기질에 대한 부모 강의를 이쯤 들으면 어떤 분은 내 아이의 기질이 마음에 드는 듯 흡족해하시는 분도 있고, 또 어떤 분은 오히려 더 많이 걱정을 하시는 분도 있다.

하지만 사실 그것은 좋아할 것도 걱정할 것도 아니다. 이를 위해 우리 연구소가 가진 데이터 중 한 가지를 보여주고자 한다.

구분	소검사 항목	행동형	사고형	감성형
언어이해	공통성	0.4	-0.3	2.4
	어휘	0.4	-0.2	1.4
	이해	0.2	-0.3	2.5
	상식	0.4	-0.2	0.8
	단어추리	0.8	-0.4	1.2
지각추론	토막짜기	0.5	-0.1	-0.9
	공통그림찾기	-0.5	0.0	1.6
	행렬추리	-0.5	0.0	1.8
	빠진곳찾기	0.2	-0.2	2.0
작업기억	숫자	0.6	-0.1	-1.1
	순차연결	1.1	-0.4	0.6
	산수	0.4	-0.2	1.3
처리속도	기호쓰기	0.6	-0.3	0.5
	동형찾기	0.5	-0.2	0.3
	선택	0.2	-0.3	2.3
편차 평균		0.4	-0.2	1.1

이것은 기질별 아이들의 뇌 발달의 방향성을 알아보기 위해 실시한, 7~10세 아동의 지능 검사결과를 기질 유형별 그룹으로 나누어 전체 평균과의 편차를 분석한 것이다.

이를 보면 A 기질(행동형) 그룹의 편차가 대부분 0.0 이상임을 알 수 있다. 이것은 같은 생년월별 아이들과 비교하여 A 기질의 발달의 정도가 평균적으로 빠르다는 사실을 의미하는 것이다. A 기질 아이들이 뭐든 빨리 배우고 빨리 알아듣는 것 같아 보이는 이유가 바로 이런, 빠른 발달적 흐름의 기질적 특성을 갖고 있기 때문이라 할 수 있다.

그러나 2개의 소검사 결과는 -0.5 즉 평균보다 느린 발달을 이루고 있음을 알 수 있다. 이 소검사는 정확성을 동반하여 개념의 순서적 결합과 연결된 뇌의 능력을 알 수 있는 검사이기도 하다.

즉, A 기질은 모든 부분의 발달이 빠르나, 개념의 정확한 인지, 과거를 바라보는 방향성, 체계적인 순서를 인식하는 방향성에서는 발달이 조금 느리고 이 부분이 쉽지 않다는 것을 말한다.

이 말은 A 기질의 부모님들이 걱정하시는 '넌 왜 이렇게 정확하게 못하니. 어제 가르쳐줬는데 왜 잘 기억하지 못하니.'라는 것이 A 기질에게는 이 아이만 떨어지는 또는 집중하기 싫어서 일부러 안 하는 그런 이상한 현상이 아니라는 것이다. 자신의 기질 안에서 지극히 자연적인 현상으로 인한 일들이었다는 거다. 그 대신 이 아이는

'넌 정말 외부 피드백을 잘하는 구나. 넌 정말 순간적인 상황을 잘 대처해 내는구나. 넌 정말 말을 잘하는 구나.'

와 같은 남들에게 없는 특별한 능력을 가지고 있다.
그리고 이런 특별한 능력을 통해 나의 부족한 능력을 자신의 방식으로 끌어올리는 것을 '발전, 성장'이라고 한다.
아이는 자라나는 만큼, 반드시 성장을 한다.

반면, T 기질(사고형) 그룹의 편차를 보면, A 기질의 그룹과 달리 대부분 0.0 이하의 편차를 보인다는 것을 알 수 있다. 이 말은 같은 생년월별 아이들과 비교했을 때, 발달이 조금 느린 경향을 가지고 있음을 의미한다.

다시 말해 T 기질의 아이들이 이해를 하는데 조금 느려 보이고 심지어 신체발달, 언어발달도 조금 느린 경향을 보이는 이유 또한 기질적 특징으로 인한 흐름이라 생각할 수 있다.

결국 느린 것이 아니라, 자신의 기질적 흐름 안에서 자연스럽고 매우 정상적인 것이라는 뜻이다.

단지, 나와 다른 기질 흐름의 소유자들과 비교하기 때문에 우리는 이들을 흔히 '느리다', '못 한다'라고 정의 내리게 되는 것뿐이다.[25]

---

25) 데이터에도 나타나지만, 실제로 느리다. 그러나 이것은 전혀 문제가 아니다. 이들은 이들만의 특별한 또 다른 능력이 있기 때문이다. '정확성', '일관성', '개념의 완벽한 인식'. 이 능력은 이들 안에서 느려야만 단단하게 발달할 수 있다.

여기서 재미있는 것은 A 그룹에서 평균적으로 가장 낮은 데이터를 보이는 2개의 소검사가 T 그룹에서는 자체적으로 가장 높은 수치를 가진다는 사실이다. '개념의 체계적 연결'에 의한 정확성과 '순차적 결합'에 의한 사고와 관계된 소검사 말이다.

더욱이 T 기질의 아이들은 자체적으로 가장 발달된 이 능력을 바탕으로 9, 10살이 지난 시점부터 놀라울 정도로 상향 곡선을 이루며 발달을 이루어낸다는 사실을 또한 알 수 있었다.

본격적으로 좌뇌적 발달을 일으키는 시기(8살 이후)에, 자신만의 기질성의 뿌리를 내리는 최소한의 시기(유년기, 10살)가 일치되며 나타나기 시작하는 T 기질들만의 발달의 특성이기도 한 것이다.

나를 완전히 키울 뿌리가 다져지고 난 후, 그때부터 자신의 크기를 키워내는 또한 완벽한 기질인 것이다.

기다림이 놀라운 자람을 보이는 기질이 바로 T 기질이다.

E 기질 또한 재미있는 결과치를 보여준다. A 와 T 그룹에서는 볼 수도 없는 2.4 또는 2.5 라는 편차를 가지고 있다는 것이다. 가장 우수한 그룹에 속하는 편차를 E 기질의 그룹에서 모두 찾아볼 수 있다. 그러나 또 놀랍게도 그와 완전히 다른, 역시 A 와 T 기질의 그룹에서는 절대 볼 수도 찾을 수도 없는 편차를 보여주고 있다.

어잉?
-0.9 아니 -1.1 이라니..
거의 발달이 안 되었다는 거 아나?

E 기질은 자신이 쓰는 부분에서는 폭발적인 사용을 이루지만, 전혀 사용되지 않는 부분은 또 전혀 쓰지 않는 특성을 가지고 있다는 것이다. 그래서 발달이 조금 천천히 흘러가는 T 기질 그룹보다도 훨씬 낮은 수치를 보이는 것이고 발달이 빠르다는 A 기질 그룹보다도 훨씬 높은 수치를 동시에 보여줄 수 있는 것이다. 극과 극의 발달 흐름을 가진 뇌의 영역이 그들 안에 존재하는 것이다.

흔히 우리가 말하는 '특별한 뇌'를 가진 사람들을 보면, 정말 어떤 부분은 엄청나게 대단한데 비해, 의외로 일반적 누구나 쉽게 할 수 있는 부분은 전혀 못하는, 굉장히 의외의 모습을 종종 볼 수 있다. E 기질이 갖는 기질적 발달의 흐름 때문인 것이다.

내가 말하고자 하는 것은
이 모든 것이 각각의 기질에 있어 매우 자연스럽고 그래야만 안정적인, 그들만이 갖는 가장 완벽하고 아름다운 자람의 모습이라는 것이다. 보고만 있어도 우리를 행복하게 만드는 꽃처럼 말이다.

보라. 아무것도 없는 작은 씨앗으로 시작하여 이렇게 아름다운 꽃으로 피어나지 않는가.

세상 모든 아이들은 '자신의 가장 아름다운 모습'으로 가장 온전하게 자라나고 있다. 그의 가장 찬란한 그때를 위한 한 시간대를 지금 우리는 바라보고 있을 뿐이다.
그러니 지금의 모습이 그 아이의 모든 것이라 판단하지 않길 부탁드리고 싶다. 기질은(뇌는) 쓰는 만큼 발달한다.

믿음이 먼저다.
당신의 아이는 반드시 변한다.
이제 곧 또 다른 모습으로 변해있을 것이며, 아이는 그만큼 자라있을 것이다.

14

아들아,

너의 시간 가운데 단 한 순간도

소중하지 않는 순간은 없단다.

우주보다도 넓고

그보다 더 아름다운

너의 모든 순간들

\# 15

왜 일까... 몇 번을 해도 아쉬움이 남는 말

사랑한다.. 아이야

이 둘은 때론 같은 뜻 일지도...

미안하다.. 내 작은 아이야

이야기를 마치며
::: 꽃보다, 세상보다 아름다운

이제 이 책의 긴 여정을 마칠 시간이 된 것 같다.

우리 아이들은 지금 세상이라는 문 앞에 서 있다.
넓은, 그래서 끝도 보이지 않을 것 같은,
세상이라는 문 앞에서 떨리지만 스스로의 빛으로 삶을 채워갈
그 날을 꿈꾸고 있다.

나는 종종 기질 강의 마지막에 아이들을 예쁜 동물에 비유하여 이야기를 끝내곤 한다.

토끼는 누가 가르쳐주지 않아도 태어날 때부터 뛸 수 있는 능력을 가진 채 태어난다. 그래서 토끼라고 부르지 않나.

그러나 토끼를 보며 '넌 왜 그렇게 자꾸 뛰냐'고 '왜 이렇게 가만히 있지 못하냐'고 하면서 '너는 뛰는 건 잘 하니까 (예를 들어 뜀의 반대를 수영이라 한다면..) 수영만 잘하면 뭐든 잘 할 수 있어'라며 그 아이를 물에 던져놓고 수영을 가르친다면.. 과연 그 토끼는 수영을 잘 할 수 있을까? 물에 빠졌으니 자기 딴에 살기 위해 발버둥을 칠 것이다. 그러나 어른들은 그의 손발을 묶어버린다. '아 정신없어, 움직이지 좀 마, 가만히 좀 있어'라며..

당연히 토끼는 수영을 잘하지 못 한다. 그런 토끼를 보며 어른들은 이렇게 얘기한다. '너는 왜 그것 밖에 못 하니~ 옆집 아이는 잘하는데, 넌 왜 가르쳐 줬는데도 못해.'

그렇게 한 해 두 해 뛰지는 못하게 막고 수영만을 열심히 시킨다면 그 토끼는 과연 어떻게 될까?
손발이라도 풀어줬다면 어떻게든 이상한 형태로라도 수영을 해낼 텐데.. 그러지도 못한다. (아니, 토끼는 죽을지도 모른다..)
잘하지 못하는 토끼를 보며 어른들은 한숨을 쉬며 이렇게 말한다.
'그래. 이건 안 되나 보다. 그냥 네가 잘하는 달리기나 하자.'
그렇게 풀숲에 놓아주면 과연 토끼는 잘 뛸 수 있을까? 아니다.
토끼는 더 이상, 뛰지도 못하고 수영도 못하는 토끼가 되어 있다.
그것은 토끼가 아니다. 행복한 토끼는 더더욱 아니다.

우리는 A 기질을 토끼에 비유한다.

거북이는 태어날 때부터 이미 수영하는 법을 알고 있다.
예전에 동물의 왕국이라는 방송에서 수많은 아기 거북이들이 알에서 깨어나자마자 바다를 향해 나아가는 그 놀라운 관경을 나는 본 적이 있다.

그러나 모래밭을 지나 바다까지 가려면 정말 많은 시간이 걸린다. 그걸 보며 또 어른들은 이야기한다.
'넌 왜 이렇게 느리니. 자, 엄마가 달리는 법을 가르쳐줄게.'
그러면서 바다에 들어가려는 거북이를 들어다 땡볕 아래 내려놓고 열심히 달리기를 시킨다. 거북이는 어떻게 될까? 당연히 빨리 달리지 못한다. 거북이는 엄마를 향해 계속 외칠 것이다. '엄마, 엄마, 나 물 한 모금만.. 나 물에 한 번만 갈게.' 그럼 또 엄마는 이렇게 말한다. '어디서 다시 느려지려고, 안 돼. 저기까지 가면 줄게. 저기까지만 가. 옆집 아이는 벌써 저기까지 갔잖아.'

그렇게 한 해 두 해 열심히 달리면 거북이가 토끼만큼 잘 달릴 수 있을까? 그럴 수 없다.

그러면서 또 어른들은 이렇게 얘기한다.

'넌 안 되나 보다. 그래, 너 좋아하는 너 잘하는 수영하며 살자.'

그렇게 물속에 거북이를 던져주면 거북이는 어떻게 될까? 이미 땡볕아래 손과 발은 다 말라버렸고, 그렇게 꼬로록 물속에 잠겨 죽고 말 것이다.

하지만 우리는 이제 알지 않은가.

사고의 바다 속에서 거북이는 누구도 잡을 수 없이 빠르다는 걸.. 누구보다 행복하게 헤엄칠 수 있다는 걸.. 자신을 빛낼 수 있다는 걸.. 단지 사고의 바다에 가기까지 모래밭을 지나기까지가 조금 오래 걸릴 뿐이다. 그러나 거북이는 그 오랜 길 가기를 결코 스스로 포기하지 않는다.

우리는 T 기질을 거북이에 비유한다.

286

인생이라는 이름의 여정

에우제니오 잠피기 Eugenio Zampighi (1859-1944)

당신이 그러했듯 당신의 아이는 지금 이 순간에도, 자기를 알아가는 과정을 통해 삶을 이끌어가고 있다.

넘어지고
다치고
시도하고
사랑하고
슬퍼하고
기다리고
또 기뻐하며

오늘도 삶을 완성해 가고 있다.

그러니
아이가 그 모든 과정을 온전히 느낄 수 있도록 도와 달라.
그 모든 과정을 설레어 하고 즐거워하며 기대 속에 걸어갈 수 있도록 지켜봐 달라.

놀랍게도 그것은 당신의 따뜻한 말 한 마디면 충분하다.
지지어린 눈빛 하나면 충분하다.
그것 하나면 아이는 다시 일어설 수 있다.

천천히 가도 괜찮아.
넘어져도 괜찮아.
울어도 괜찮아.

혹시 나뭇잎이 살랑이며 바람이 불고 있니?
오늘도 분홍빛 노을이 저녁 하늘을 물들이고 있니?

뜨거운 햇살에도 너를 지키듯 바람이 너를 감싼다면
어둠이 내리기 전 아름다운 노을이 너를 향해 찰나의 빛을 보인다면

다시 일어서서 눈을 뜨고 들어 보렴.

세상 가운데 속삭이는 너를 향한 소리를..
너는 나의 가장 소중한 아이라고..

앞의 모든 이야기를 통해 나는 당신의 자녀를 향해 걸어갈 수 있는 당신만의 길을 모두 전하였다. 그리고 이미 당신은 정답을 알고 있다. 당신이라는 존재 자체가 열쇠이고 문이기 때문이다.

그래서 나는 앞에서 이야기한 내용을 정리하며, 아쉽지만 다음을 기약하며 이 공간에서의 이야기는 마치려 한다.

첫째, 뇌는 사용한 만큼 발달한다.

A 기질의 경우, 말과 움직임이 될 것이다. 스스로 그것을 반복적으로 쓸 것이다. 그때 이 기능을 막지 말라. 또한 마음껏 쓸 수 있는 공간과 환경을 생각해 봐 달라. 다치지 않고 사회에 방해가 되지 않는 범위 안에서..

T 기질의 경우, 기다림이 반드시 필요한 조건이다. 그러니 T 아이가 자신의 기능을 쓸 때 역시 이를 막지 말라. 오히려 더 늦게, 더 느려지도록 도와 달라. 아이에게 맞는 더 '정확한 정보'들을 더 '많이' 제공해 주어 더 '깊게' 생각할 수 있게 해 달라. 아이가 완전히 알 때까지, 묻고 또 물어올 때마다 대답해 달라.

E 기질의 경우, 다각적이고 종합적인 정보 결합을 해야 더욱 풍성하고 단단하며 구체적인 시냅스를 형성해내게 된다. 그럼 쓰게 해 달라. 엉뚱한 소리, 쓸데없는 말이라며 막지 말라. 자신의 문이 열릴 수 있도록, 다양한 시각을 만들어낼 수 있도록, 부모 또한 조금은 엉뚱한 피드백을 이루어 달라.

둘째. 인간은 혼자 살아가는 것이 아니라 함께 살아가는 사회적 동물이다. 그러므로 내 아이를 위해 '보호'의 울타리뿐 아니라, 세상에 대한 '가르침'의 울타리가 되어 달라.

A 아이들은 많이 움직이고 많이 말해야 한다. 그러나 많은 사람들이 함께 있는 공간에서 다른 사람에게 방해를 주는 뜀과 소리는 함께 라는 것에 어긋나는 행동이다. 아이는 잘못된 것이 아니라 아직 그것을 모를 뿐이다. 그럼 가르쳐 주어야 한다.
그러나 세상과 같이 아이에게 '시끄러워, 움직이지 마'라고 소리치는 것은 잘못된 방식이다.
그것은 너 자신을 사용하지 말라는, 너 자신을 부인하라는 외침이기 때문이다.
A 기질 아이는 밥을 먹기 위해 식당에 가면, 당연히 몸이 근질근

질할 것이다. 움직여야 나는 더 안정적으로 이곳에 대해 사고하고 판단할 수 있기 때문이다. 움직여야 밥을, 앉아서, 조용히, 맛있게, 잘 먹을 수 있단 뜻이다. 그럼 이렇게 해 주는 것이 옳다.

가만히 있으려니 너무 답답하지?
조금만 움직이고 나면
밥도 앉아서 잘 먹을 수 있다는 거
엄마가 너무 잘 알지~
뛰는 건 절대 잘못된 게 아니지만,
여기서 뛰면 다른 사람들에게 피해를 주게 돼.
그러니까 우리,
밥 나올 때까지만
엄마랑 같이 밖에 나가서 잠시 뛰고 올까?

T 기질 아이는 뭐든 천천히 생각해야만 한다.
아이스크림 가게에 가서 뭘 먹을지 고를 때, 급한 일이 있거나 남들이 뒤에 기다리고 있는 것이 아니라면 사실 급하게 고를 필요가 없다. 그것이 반드시 지켜야 하는 규범은 아니니까..
하지만 내 아이의 '천천히'를 답답하게 느끼게 될 점원을 위해, 나는 아이를 보호할 수 있는 양해를 구해야 한다.

죄송해요. 아이가 정말 먹고 싶은 것을 정확히 고르려고
조금 천천히 결정할 것 같아요.
저희는 신경 쓰시지 마시고
다른 분들 거 먼저 주시겠어요?
아이가 다 고르면 저흰 그 때 말씀드릴게요.

아이를 위해서 빠름을 택하지 말고, 다른 사람들의 시선에 조급함을 앞세우지 말고, 줄을 섰다면 차라리 조금 양보하자. 그렇지 않다면 충분한 시간을 두고 결정한 후에 줄을 서는 것이 오히려 내 아이를 위한 올바른 사회적 규범의 가르침이다.

천천히 생각해도 괜찮아.
정확히 생각한다는 건 정말 대단한 일이거든.
하지만 다른 사람이 뭔가를 하는 것을 못하게 막는 건,
남에게 피해를 주는 거니까
우리는 조금 있다가 줄을 서자.

E 기질의 아이는 자신이 다른 사람의 말을 종종 듣지 못하거나, 다른 사람을 생각지 못한 채 행동하기도 한다는 것을 스스로가 알게 해 줄 필요가 있다.
사람과 함께 있을 때만큼은, 나무나 구름이나 나비와 이야기를 나누는 것이 아니라, 내 앞에 나와 함께 있는 사람에게 집중하려고 노력하는 것이 다른 사람을 정말 진심으로 위하는 마음이란 걸 가르쳐주어야 한다.

엄마는 세상에서 우리 아들이 제일 멋진 것 같아.
아무도 생각할 수 없는 대단한 것도 생각해낼 수 있거든.
아들, 아들은 집중을 못 하거나 엉뚱한 게 아니야.
만약 지금 너와 함께 있는 사람을 위해
집중하려고 노력할 수만 있다면
너는, 세상에서 가장 멋진 마음을 가진 사람이 될 거야.

다른 기질과는 달리, 사고의 반경이 워낙 넓고 깊고 다각적이다
보니, 사람과의 관계에서 지켜야할 선을 꼭 가르쳐주어야 한다. 남
들은 전혀 예상치 못한 관점이 튀어나올 수 있기 때문이다.
그러니 예의와 규범, 질서라는 사회적 선을 꼭 알려주길 부탁드린
다. '왜 모를까'라고 생각하지 말아 달라.
'4차원'의 의미를 기억한다면, 분명 내 아이를 위한 지혜로운 방향
을 잘 선택할 수 있을 것이다.

이제 모든 이야기가 끝났다.

지금도 아이를 위해 힘을 내어 살아가는 당신께
마지막으로 한마디만 더 한다면,

부모인 당신 또한

누구보다 빛나는 존재임을 잊지 말아주길 바란다.

오늘보다 내일, 자신의 모습을 더 사랑할 수 있기를 바란다.
그렇게 더 행복한 하루를 살아가길 바란다.
당신 또한 당신을 지금도 지켜내는 자신이라는 기질 안에서
당신을 향한 아름다운 삶의 길을 걸어갈 수 있기를
진심으로 응원하며 또한 바란다.

\# 16   너를 사랑해
              그리고 나를 사랑해

#17

오늘도 살아 숨 쉬는
삶의 모든 순간이

너를 향한
찬란한 축복이 되길

305

천천히 가도 괜찮아

제1판 1쇄 발행일 2020년 6월 20일
제1판 2쇄 발행일 2024년 5월 07일

—

글 박고은
본문 그림 노덕영, 박고은
본문 사진 Pixabay, Shutterstock
표지 사진 Shutterstock

—

펴낸 곳 로즈힐 기질연구소
출판등록 2019년 10월 10일 제2019-000006호
주소 울산광역시 울주군 삼동면 보은송정길 9 1층
구입문의 052-223-3843 **팩스** 052-223-3845
이메일 grimsog@hanmail.net

—

ISBN 979-11-969967-0-3 (03190)

RDTA TEST

어서와, 기질분석은 처음이지?

RDTA

Ro deok-young Drawing Type Analysis

그림을 통한 [기질 유형] 분석시스템

특허 제 10 - 2052300호

내 아이를 알아가는 첫 번째 걸음

RDTA 기질검사
할인 ID코드

RDTA TEST
신청절차

할인 ID코드 사용방법

STEP 1

신청 접수 및
일정 예약

- 아래 QR 코드를 통해 사이트 접속
  (또는 전화 접수)
- 신청 사이트 예약자 정보 추가란에
  할인 ID코드 등록
- 할인 금액 결제 (일정 확인)

- RDTA 검사 진행
  (온라인 or 오프라인)
- 상담 일정 확인

STEP 2

RDTA 검사 진행
상담일 확인

STEP 3

분석 결과 확인
상담

- RDTA 분석 결과 확인
  (분석차트 발송)
- 상담 진행
  (온라인 or 오프라인)

QR 코드를 찍으시면
신청 안내 및 접수 사이트로 연결됩니다.

* 상세 내용은 절취선 안쪽 내용을 참고하십시오.
(관련 문의 : 052. 223. 3843)